MI SILLÓN DE ORACIÓN

VIVIENDO, CAMINANDO Y RESPIRANDO CON JESUS

Mi Sillón de Oración – Viviendo, Caminando y respirando con Jesús

Publicado por RLMPublishing, una división de Reflective Life Ministries 6606 FM 1488 Ste. 148-185 Magnolia, TX 77354

ISBN: 978-1-63296-025-2

Impreso en los Estados Unidos

Para comunicarse con Carla McDougal visítenos en:

www.reflectivelifeministries.org

DEDICACIÓN Y AGRADECIMIENTOS

Dedico Mi Sillón de Oración a Ada Belle Yeargan-Wills, mi Abuelita. Su amor y devoción a la oración marcaron la vida de todos sus hijos y nietos. Ella entró al mundo en 1906 y se fue con su Señor y Salvador, Jesús, en 1991. Sus ochenta y cinco años de vida nos llenaron a todos de gozo, sabiduría, y fuerza. ¡Te amo, Abuelita!

Quiero dar un agradecimiento especial a Héctor J. Castellanos Flores y Jenny Adams por su diligencia y dedicación en la traducción de *Mi Sillón de Oración* de inglés al español. Dios unió a este equipo de una manera increíble y única. ¡Qué privilegio es el de trabajar con un grupo que ama al Señor Jesús con todo sus corazón, alma y mente! Esto es realmente una imagen del cuerpo de Cristo que se une para lograr sus propósitos.

También doy un enorme agradecimiento a mis hermanas de habla hispana en Christ Fellowship en McKinney, Texas. Sus oraciones impulsaron este proyecto. Gracias por el aliento y el compromiso de orar por nosotros durante el proceso de traducción.

Quiero agradecer a Kitty Self por su asistencia al revisar Mi Sillón de Oración. Gracias por ayudarme a expresar mis ideas creativas con claridad. Y también quiero agradecer a Jake Allen por diseñar la portada de Mi Sillón de Oración. ¡Me encantó trabajar con ustedes!

TABLA DE CONTENIDO

¿Desea usar *Mi Sillón de Oración* para un estudio Bíblico en grupo pequeño? Baje gratis (PDF) la *Guía de Estudio: Mi Sillón de Oración* en www.reflectivelifeministries.org.

El Corazón de Mi Sillón de Oración

¡Pero tengan cuidado! Presten atención y no olviden las cosas que han visto sus ojos, ni las aparten de su corazón mientras vivan. Cuéntenselas a sus hijos y a sus nietos.

—Deuteronomio 4:9

Recuerdos de la infancia. Momentos de enseñanza. Desbordamiento de amor. Imágenes de la vieja mecedora de madera negra permanecen en el fondo de mi mente. Las manchas y la decoloración marcaban los años que se tambaleaba de adelante hacia atrás. Desde que tengo memoria, esta silla juega un papel importante en mi vida. No la propia silla, pero lo que representa. En las palabras de mi abuela, "Esta es mi silla de Oración." Para ser totalmente honesta, yo no entendí el significado de su nombre hasta años más tarde... en el tiempo perfecto de Dios.

En mis días de juventud, subirme al regazo de mi abuela creaba un lugar de comodidad, un refugio sin igual. Sin decir una palabra, yo descansaba mi cabeza en su pecho mientras ella se balanceaba hacia atrás y adelante, silbando suavemente el himno tierno "En el Jardín." Un santuario dulce del amor incondicional.

El tiempo parecía moverse tan rápido. A través de la escuela secundaria, la universidad y después el matrimonio, las visitas a la casa de la abuela disminuyeron. Las bendiciones fluyeron con mayor frecuencia a través de nuestras conversaciones telefónicas. Una llamada en particular resuena en mi alma. Mientras yo mecía a mi hijo primogénito, los recuerdos de la abuela se vertieron sobre mí. El calor consumía mi corazón, así que la llamé inmediatamente. Después de nuestros saludos dulces, le pregunté acerca de su día. Para mi sorpresa su respuesta conocida penetró como nunca antes... "Estoy en mi silla de oración."

Como una luz que ilumina su entorno, sus palabras encendieron una llama de comprensión. Toda mi vida se refirió a su vieja mecedora como su silla de oración, pero nunca capté el verdadero sentido hasta ese momento. En ese momento, la visión de su balanceo adelante y atrás, mientras ella ponía sus peticiones ante su Señor, dejó una huella en mi corazón para siempre. ¿Desde entonces me he preguntado, qué tanta distancia ella ha recorrido en su silla de oración a lo largo de los años?

En ese día memorable, mi abuela pasó una antorcha a la siguiente generación... una linterna alimentada por la oración. Las lágrimas empañan mi visión al recordar su impacto amoroso y poderoso en mi vida. Hoy, yo tengo un Sillón de Oración. No se parece en nada a la de la abuela, pero proporciona la misma finalidad. Numerosas alabanzas, peticiones de oración e intercesión ocurren mientras me acurruco en mi Sillón de Oración. La mayoría de mis artículos, blogs, libros, y devocionales son preparados mientras estoy plantada en su comodidad. De hecho, todas las redacciones de este libro fueron escritas mientras descansaba en este dulce refugio. Oh, el corazón de *Mi Sillón de Oración* representa importantes peldaños en mi caminar con Jesús.

Este libro, *Mi Sillón de Oración*, anima al lector a participar en una conversación con Dios los siete días de la semana y las veinticuatro horas del día. Jesús abre la vía de comunicación entre el Padre y los creyentes. En el momento en que alguien recibe a Jesús en su vida, el Espíritu Santo mora en esa persona. El Espíritu da vida a nuestra relación con Jesús. Se desempeña como nuestro consejero, guía y maestro, continuamente nos señala al

Rey de reyes y Señor de señores, Jesús. La oración activa nuestra relación con Dios a través de Jesús, inspirada por el Espíritu Santo. Dios da a sus hijos la oportunidad de participar en la eternidad aquí en la tierra a través de la oración.

RETO DE ORACION

Lea Romanos 8:26-27 y Juan 14:15-17 y 16:5-15. Antes de leer, pídale al Espíritu Santo que le dé entendimiento de la Palabra de Dios. Hágase del hábito de orar antes de que usted abra su Biblia. El Espíritu revela los misterios de Dios. Añada este mismo proceso antes de leer cada entrada de este pequeño libro. Que el Señor bendiga su viaje a través de *Mi Sillón de Oración*.

MI SILLÓN DE ORACIÓN

DIARIO DEVOCIONAL

_____

_____

_____

_____

_____

_____

_____

_____

_____

_____

_____

_____

_____

_____

_____

_____

_____

_____

_____

_____

_____

_____

¿POR QUÉ ORAR?

Señor, hazme conocer tus caminos; muéstrame tus sendas. Encamíname en tu verdad, ¡enséñame! Tú eres mi Dios y Salvador; ¡en ti pongo mi esperanza todo el día!

—Salmos 25:4-5

El poder de la oración. ¿Es esto real? ¿Tiene la oración verdadero poder? ¿Si lo tiene, cómo lo puede tener? ¿Por qué oramos si Dios conoce todas las respuestas? ¿Por qué nos comunicamos con Él si Él tiene el control de todo en el cielo y en la tierra? ¿Por qué oramos en el nombre de Jesús?

Mi Sillón de Oración se enfoca en el llamado de Dios a una relación íntima con sus hijos. Los que creen en Jesús necesitan respirar, caminar, y vivir en constante comunicación con el único que nos da vida eterna. Las conversaciones frecuentes con Él enfocan nuestros corazones, mentes, y almas a Él.

Meditemos en esta frase de Jennifer Kennedy Dean, "La oración revela la voluntad de Dios al traerla del mundo espiritual, causando que tenga efecto en el mundo material. La oración abre el camino para que Dios pueda hacer lo que el anhela hacer. Cuando Dios quiere cambiar el rumbo natural de algún evento, Él clama por un intercesor."[1]

En muchos casos, Dios espera que nosotros oremos, adoremos su santo nombre, nos pongamos en el camino, clamemos a Él, escuchemos el gemir del Espíritu Santo, y que intercedamos por otros. Él está actuando activamente para completar su voluntad. Como resultado, después de poner nuestras peticiones a sus pies, confiamos que Él está trabajando activamente haciendo su voluntad de una manera dinámica. Efesios 3:20-21 contiene un mensaje poderoso para los hijos de Dios, *Y a Aquel que es poderoso para hacer todas las cosas mucho más abundantemente de lo que pedimos o entendemos, según el poder que actúa en nosotros, a él sea gloria en la iglesia en Cristo Jesús por todas las edades, por los siglos de los siglos. Amén.*

---

[1] Jennifer Kennedy Dean. *Live a Praying Life.* (New Hope Publishers, 2004), 25-26.

En mi estudio bíblico "Reflejándolo: Viviendo Para Jesús y Amándolo", yo comparto como la oración cambió mi vida. Por favor lea estos párrafos extraídos de la Semana 1, Reflexiones En Vida: Imágenes en un Espejo...

¡Que Dios me ayude! ¿Qué me está pasando? ¿Por qué me siento de esta manera? En el exterior todo parecía estar en orden – vida espiritual, matrimonio, hijos, amigos, salud. Pero en el interior, el sentimiento de muerte se asomaba... no una muerte física, pero una muerte en vida. Mi gozo se disipaba lentamente en la oscuridad. *Pero yo soy cristiana. Yo amo a Jesús. ¿Cómo puedo tener estos pensamientos?* Nadie lo sabía. Yo me ponía una máscara como parte de mi atuendo diario. ¡Esa sonrisa superficial se veía muy real en esta mujer de treinta y nueve años!

¿Qué no puede ver lo que me está haciendo? ¡Necesita ser más sensitivo! Mi matrimonio se tambaleaba de atrás y para adelante. Las risas se acababan. A mi modo de pensar, nuestros problemas existían a causa de mi marido. Pensé que necesitábamos terapia de pareja.

Son las 2 de la mañana. Esta ropa debe ser doblada. Los platos necesitan ser lavados. Todos estos juguetes por el suelo. ¡No puedo ir a dormir hasta que todo esté listo! ¡No puedo detener mi vida! Tengo que seguir adelante. Era mamá de cuatro niños pequeños que necesitaban amor, disciplina y constancia. Yo sabía que ellos me necesitaban. Apagué la luz y me acurruqué en un rincón de la sala de juegos. Las lágrimas brotaban de mis ojos. ¡Padre ayúdame! Esto es todo lo que oré y todo lo que Dios quería – mi corazón estaba rendido en sus brazos.

¿Depresión? ¿Estás segura? Ni siquiera tomaba siestas durante el día. De hecho, casi no dormía en lo absoluto. Los cristianos no tenemos problemas de depresión. ¡La alegría es parte de nuestra descripción de trabajo! Sí, yo creía en la mentira de que los cristianos no podían estar deprimidos. ¿Están listos para esto? Yo creía que un cristiano que luchaba con depresión sólo necesitaba una relación más estrecha con Jesús.

No había un libro o una conferencia que pudiera cambiar mi opinión. ¡Sin duda Dios tenía que enseñarme una cosa o dos acerca de la humildad y la compasión! Así que, en su manera más tierna, Él me permitió experimentar de primera mano esa cosa terrible llamada depresión. Él me acompañó a través de cada paso, enseñándome a confiar en Él. Con el tiempo me di cuenta de que no podía culpar a nadie por mi condición – ni a mi familia, ni a Dios. El Señor usó a los médicos y las medicinas para concederme sanidad física. A su vez, esta sanidad me permitió crecer más profundamente en mi caminar con el Señor. Como resultado, me presento ante ustedes como una mujer quebrantada. Doy gracias a Dios por haberme llevado a través de la depresión. Sabiendo quién fui y lo quien soy ahora trae lágrimas a mis ojos. Al reflexionar sobre esta experiencia, me doy cuenta de que Dios ha implantado su promesa en mi corazón. Deuteronomio 31:6 dice: "... no te dejará, ni te desamparará. " ¡Amén!

Con un grito de alegría puedo decir que Dios me rescató del pozo de la depresión, cuando tenía treinta y cinco años. Le pedí al Señor que usara mi pasado para su gloria. Yo deseaba ser una luz en la oscuridad para que otros experimentaran esta misma desesperanza. Oré para que el Espíritu Santo me revelara a los que necesitaban oración. Descubrí que entre más oraba, más reflejaba a Jesús. ¡Ansiaba conocerlo, leer su palabra, alabar su nombre, y adorarlo!

Ni en un millón de años se me ocurrió que Dios me usaría para servirle. ¡De ninguna manera! ¡No yo!...considerando mi pasado. Sin embargo, unos cinco años después de mi batalla con la depresión, experimenté una convicción dentro de mi corazón. En mis momentos de serenidad con Dios, sentí que Él me decía que compartiera mi historia – no con una mujer, sino con grupos de mujeres. Desde hace aproximadamente un año yo no compartía mis sentimientos con nadie, ni siquiera con mi marido. ¿Por qué? El miedo se apoderaba de mí. Una y otra vez hablé con Dios acerca de este tirón en mi corazón. Compartí mis debilidades con Él, como si Él no las supiera ya. Le oí susurrar: "Cuando eres débil, entonces Yo soy fuerte." Entonces le recordé de mis experiencias pasadas. Él respondió: "Todo es para mí gloria." Finalmente, yo sabía que la siguiente pregunta lo haría cambiar de opinión: "Dios, ¿Qué va a pasar con mi dislexia? Yo no puedo leer la Biblia enfrente de la gente." Su respuesta fue: "Yo sé. Lo haré por ti, al igual que yo ayudé a Moisés a hablar con multitudes de personas." En ese momento me di cuenta de que cuando Dios dice que hay que entregarlo todo, Él lo quiere todo. ¡Y tenemos que esperar lo inesperado!

Con mi cuerpo temblando, finalmente compartí todos estos pensamientos y oraciones con mi esposo. Sinceramente creí que me iba a aconsejar en contra de seguir adelante. Pero para mi sorpresa, él apoyó el llamado que Dios tenía para mí, para empezar un ministerio de mujeres. Aun dudando, le rogué a Dios que me diera una señal externa. Usted sabe, ¡como la zarza ardiente! Un par de semanas más tarde mencioné la necesidad de oración a algunas de mis amigas. Antes de que pudiera explicar mi petición, una de ellas dijo que ya la conocía. Estas eran las palabras que fluyeron de sus labios, "Carla, Dios te está llamando a ser una conferencista para mujeres cristianas." Yo casi me caigo de mi sillón, y le pregunté, "¿Cómo lo sabes?" Mi dulce amiga a mi costado, dijo: "Por cinco años, le he pedido a Dios que te pusiera en este ministerio." La presencia dulce y tierna del Espíritu Santo inmediatamente penetró nuestras almas. ¡Juntas fuimos testigos del poder de Dios! En ese momento, en la tranquilidad de mi corazón, me di cuenta de que Dios tiene un plan para cada uno de nosotros. Él escribe las páginas nuestras, todas para su gloria. Todo lo que pide de nosotros es que le demos acceso para hacer su voluntad. La duda inundó mi mente al surgir el miedo. Una vez más, estas mismas palabras fluyeron de mi boca: "¡Dios, ayúdame!" ¡Esto es todo lo que oré y todo lo que Dios quería – mi corazón estaba rendido!

¡Dios, tienes que estar bromeando! ¿Quieres que escriba un estudio bíblico? ¡No yo! Una vez más, me resistí al llamado de Dios. Le compartí que en mi opinión el necesitaba un vaso diferente para este proyecto. Yo no soy una escritora. Seguramente estás pensando en otra persona. ¿Recuerda mi deficiencia lectora? Empecé a discutir con Dios otra vez. Un día leí un versículo que abrió el telón a una obra de teatro en mi corazón. Ante mí en el escenario, Dios cantó estas palabras: *"Por tanto, nosotros todos, mirando con el rostro descubierto y reflejando como en un espejo la gloria del Señor, somos transformados de gloria en gloria en su misma imagen, por la acción del Espíritu del Señor."* (2 Corintios 3:18). Aplaudiendo grité, ¡Dios ayúdame! ¡Esto es todo lo que oré y todo lo que Dios quería – mi corazón estaba rendido!

¡Con las manos levantadas en alto y gritos de alegría en mi corazón, me he comprometido a Reflejarlo! Deseo vivir mi vida completamente para Jesús. Me doblega el pensar en todo lo que Él ha hecho, está haciendo y hará. Él me rescató del pozo de la desesperación, y me salvó de las trincheras de la oscuridad. ¡Jesús es el Camino, la Verdad y la Vida! ¡Estoy tan emocionada de poder decir que estoy Viviendo Para Jesús y Amándolo!

RETO DE ORACIÓN

Abra su corazón a todo lo que el Espíritu Santo quiere enseñarle a través de *Mi Sillón de Oración*. Pídale al Señor que le dé un corazón de comprensión y un deseo de buscarlo a Él enteramente. Analice la manera de crecer en su caminar con Jesús. Nunca se olvide de darle gracias a lo largo del camino.

Al escuchar a Dios al orar usted abre la puerta para que Él cumpla Sus propósitos en su vida...todo para Su gloria.

MI SILLÓN DE ORACIÓN

DIARIO DEVOCIONAL

_____

_____

_____

_____

_____

_____

_____

_____

_____

_____

_____

_____

_____

_____

_____

_____

_____

_____

_____

_____

_____

_____

_____

NUESTRO CONSULTOR DE ORACIÓN

Así mismo, en nuestra debilidad el Espíritu acude a ayudarnos. No sabemos qué pedir, pero el Espíritu mismo intercede por nosotros con gemidos que no pueden expresarse con palabras. Y Dios, que examina los corazones, sabe cuál es la intención del Espíritu, porque el Espíritu intercede por los creyentes conforme a la voluntad de Dios.

—Romanos 8:26-27

¿Cómo sabemos por qué orar? ¿Cómo funciona la oración? Echemos un vistazo a estas preguntas de esta manera – El consultor de oración de un creyente es el Espíritu Santo. Dios da a sus hijos al Espíritu Santo para conectarnos a una relación más íntima y más profunda con Él a través de Jesús. Él nos enseña cómo y por qué orar. Entre más escuchamos al Espíritu Santo, nuestra vida de oración se centra en Dios en vez de en nosotros mismos.

El Espíritu Santo es semejante a las venas de nuestro cuerpo. Al igual que las venas llevan la sangre a través del cuerpo humano, el Espíritu Santo es el conducto para nuestra relación con Jesús. Él da vida a nuestro espíritu al aconsejarnos, enseñarnos, orientarnos, dirigirnos y darnos conocimiento de la palabra de Dios. El Espíritu Santo nos recuerda constantemente al Rey de reyes y Señor de señores, Jesús.

Como mencioné anteriormente en el capítulo El Corazón de Mi Sillón de Oración, "En el momento en que alguien recibe a Jesús en su vida, el Espíritu Santo mora en esa persona. El Espíritu da vida a nuestra relación con Jesús. Se desempeña como nuestro consejero, guía y maestro, continuamente nos señala al Rey de reyes y Señor de señores, Jesús. La oración activa nuestra relación con Dios a través de Jesús, inspirada por el Espíritu Santo."

Con esto en mente, lea el ejemplo de cómo el Espíritu Santo me dirigió a orar y lo que Él me enseñó a través de esta experiencia poderosa.

Reflejándolo Semana 5, Oración de Adentro Hacia Afuera, Día 4: La sala...

"No puedo pasar otro día sin compartir un momento especial entre el Señor y yo. Mientras escribía el Día 1 de Oración de Adentro Hacia Afuera, oré: "Señor, no sé cómo voy a pagar para publicar este estudio bíblico. La falta de fondos es un gran problema, pero confío en que Tú resolverás este dilema. Si Tú proporcionas los fondos, voy a alabarte, y si el estudio no es publicado, voy a alabarte. ¡No importa cuál sea el resultado, nuestro tiempo juntos trabajando en este proyecto ha sido maravilloso! ¡Amén!"

Dos días más tarde, recibí una llamada telefónica. Una querida amiga de más de veinte años, dijo que su marido quería platicar conmigo. En nuestra conversación, él compartió como su empresa se dedica a promover el Reino de Dios. Su equipo gerencial ora para encontrar ministerios con la misma visión. Luego, continuó. "Después de echar un vistazo al corazón del ministerio de *Reflective Life Ministries*, nos gustaría apoyar su ministerio con la cantidad de _____."

Sus acciones siguen el versículo "Al que puede hacer muchísimo más que todo lo que podamos imaginarnos o pedir" (Efesios 3:20). ¡Me quedé sin palabras! En lo único que podía pensar era en la oración que había hecho cuarenta y ocho horas antes de esta conversación, y como había dicho, "Señor, este estudio bíblico es tuyo. Confío en Ti para hacer lo que Tú quieras hacer con él."

Él entonces me dijo: "¿Carla, qué tan grande crees que es Dios? Abre la puerta y deja que Dios vaya más allá de lo que tu mente puede concebir. Continúa haciendo todo lo que Él te está llamando a hacer por su reino. Anima a las mujeres a vivir su vida completa para Jesús. ¡Utiliza los talentos que Dios te ha dado para su gloria!"

¡Lloré durante dos días! No por la cantidad de dinero recibida. Esa era la provisión de Dios. Dios usó esta enseñanza espontánea para instruirme a orar y dejar la preocupación para que Él pudiera hacer su trabajo. Ruego que esta historia le anime a orar por las situaciones en su vida. No se pierda ningún momento en que el Espíritu Santo le pida que ore. ¡Él también puede tener algún tipo de enseñanza espontánea para usted!"

RETO DE ORACIÓN

Antes de empezar a orar, hay que pedir al Espíritu Santo que le revele cómo orar, por qué orar, y por quién orar. Las bendiciones fluyen a través de este proceso.

Con el tiempo esto se convierte en un hábito. Como resultado, su vida de oración cambia a un proceso de veinticuatro horas al día y siete días a la semana caminando, respirando, y experimentando una relación con Jesús. Comience ahora acercándose a Él en oración.

Sin embargo, como está escrito: "Ningún ojo ha visto, ningún oído ha escuchado, ninguna mente humana ha concebido lo que Dios ha preparado para quienes lo aman." Ahora bien, Dios nos ha revelado esto por medio de su Espíritu, pues el Espíritu lo examina todo, hasta las profundidades de Dios. En efecto, ¿quién conoce los pensamientos del ser humano sino su propio espíritu que está en él? Así mismo, nadie conoce los pensamientos de Dios sino el Espíritu de Dios.

—1 Corintios 2:9-11

MI SILLÓN DE ORACIÓN

DIARIO DEVOCIONAL

DE GENERACIÓN A GENERACIÓN

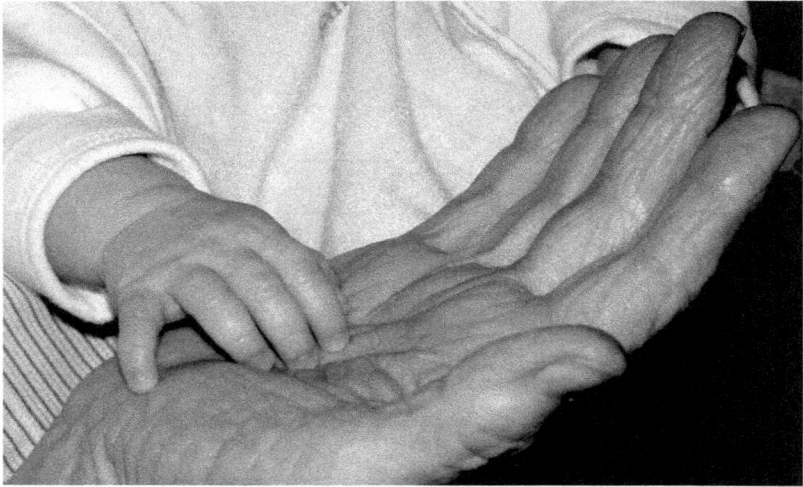

Generación a generación celebrará tus obras y anunciará tus poderosos hechos.

—Salmos 145:4

¿Ha participado en una reunión familiar... la clase de reunión que representa todas las ramas de su árbol genealógico? ¿Una reunión en la que una generación relata las historias y las anécdotas familiares a la siguiente generación?

¡Me encantan las grandes reuniones familiares! Cada verano la familia de mi padre tiene la reunión de la familia Lucas. Durante más de cinco décadas, este encuentro atrae al menos un centenar de familiares cada año. Mi tatarabuelo fue uno de dieciocho hermanos, diecisiete niños y una niña. ¿Puede usted imaginar la cantidad de comidas que su mamá preparaba todos los días? ¿Y qué me dice de los montones de ropa que tenía que lavar con sus propias manos usando solamente un tallador y una tina? Me siento cansada de solo pensarlo.

Hace unos años, en una de nuestras reuniones, Dios me abrió los ojos a una verdad vital. Después de una conversación con mi tátara tío, de noventa y cinco años, me di cuenta de que mi linaje familiar está lleno de creyentes en Jesucristo. Sus tiernas historias del pasado confirmaron mi herencia cristiana. Conmovido, sus ojos se llenaron de lágrimas cuando él compartió acerca de la Biblia de la familia y las horas de oración en familia.

De repente, el Salmo 145:4 se me vino a la mente, *Generación a generación celebrará tus obras y anunciará tus poderosos hechos.* En ese momento, me di cuenta de que soy un producto de las generaciones anteriores a la mía. La piel se me puso de gallina, o más bien Dios me puso la piel de gallina abarcando todo mi cuerpo. Una lluvia de pensamientos se me vinieron a la mente como, "¿Qué oraciones hicieron mis antepasados hace años que Dios está respondiendo hoy? ¿Acaso mi tátaratátaratátara abuela pidió al Señor que capturara los corazones de los hijos de su descendencia y las generaciones por venir? ¿Están estas oraciones todavía dando sus frutos?" No hay palabras para describir este momento de revelación.

Interiormente, agradecí al Señor por esta familia y su corazón de amor.

Casi de inmediato, una convicción se apodero de mí. Dios acentuó en mí la importancia de impartir esta misma verdad a mis hijos, y los hijos de mis hijos, y así sucesivamente. La oración es un componente clave para pasar el mensaje de Jesús a las siguientes generaciones. Clamé a Dios en nombre de mis hijos, para que cada uno se case con la persona que Dios elija, y así como marido y mujer, puedan transmitir el amor de Jesús a sus hijos. Una plegaria emotiva para que mis nietos sean hombres y mujeres valientes para el Reino de Dios.

Luego me vino este pensamiento: "¡Cuando ya esté en el cielo con Jesús, la única manera en que todavía podré afectar a la generación siguiente es a través de las oraciones que he hecho mientras vivo en esta tierra!" Lagrimas brotaron y mi corazón se encendió de gozo. Esto lo vemos una y otra vez en la Palabra de Dios, donde la promesa de Dios se cumple en las generaciones siguientes. Por ejemplo, Jesús oró en Juan 17 por los futuros creyentes en Él, que incluye a aquellos aún hoy en día. ¡Qué increíble! Su oración sigue dando frutos.

RETO DE ORACIÓN

Ore por los miembros de su familia pare que amen al Señor con todo su corazón, toda su mente y toda su fuerza. ¡Ore para que este amor por Jesús se transmita a sus hijos y a los hijos de sus hijos! Pídale al Señor que le enseñe cómo orar por su herencia familiar. ¡Usted puede ser el guerrero de oración que el Señor use para redirigir el enfoque de la nueva generación!

MI SILLÓN DE ORACIÓN
DIARIO DEVOCIONAL

_____
_____
_____
_____
_____
_____
_____
_____
_____
_____
_____
_____
_____
_____
_____
_____
_____
_____
_____
_____
_____
_____

MI AUTO DE ORACIÓN

En cuanto a mí, que el Señor me libre de pecar contra él dejando de orar por ustedes. Yo seguiré enseñándoles el camino bueno y recto. Pero los exhorto a temer al Señor y a servirle fielmente y de todo corazón, recordando los grandes beneficios que él ha hecho en favor de ustedes.

—1 Samuel 12:23-24

Un breve encuentro que duró sólo un momento, pero nunca será olvidado. Siento un nudo en la garganta y un sentimiento de humildad envuelve mi corazón. Déjeme describir la escena.

Es sábado por la mañana. Los mandados llenaban mi agenda. Al salir de mi casa oré: "Señor, yo no quiero perder ni un momento contigo." Esta oración continuó aumentando en mi corazón hasta que oré: "¿Qué tienes planeado? ¡No puedo esperar para averiguarlo!"

En cuestión de minutos me acerqué a un cruce muy concurrido. Al darme cuenta que el semáforo se tornaba amarillo, reduje la velocidad. De repente, de la nada, dos mujeres con blusas de color amarillo brillante salieron corriendo delante de mi carro y frené. Respirando profundamente, me di cuenta de que una de las mujeres se dirigió a otro auto, mientras que la otra mujer se acercó a mi puerta. Dudé por un momento, pero bajé la ventanilla. Tengo que admitir que estaba un poco nerviosa.

Entonces sucedió. Una aceleración en mi espíritu que provocó un momento de ternura. En este breve encuentro ella compartió su testimonio.

> "Hola mi nombre es Crystal, Jesús me salvó de la fosa de la drogadicción. Yo represento a un poderoso ministerio de Houston; una organización cristiana basada en ayudar a aquellos que sufren de adicción a las drogas y al alcohol. Un lugar donde los adictos pueden ser rehabilitados a través del poder de Jesús."

Nuestra conversación continuó. "¿Dime Crystal, eres creyente?", le pregunté. Su rostro radiaba cuando ella respondió: "¡Sí señora, mi Jesús me liberó! Él es mi Señor y Salvador." Lágrimas brotaron de nuestros ojos. Sin darme cuenta, la tomé de las manos y ella metió su cabeza por la ventanilla del carro. Una efusión de oraciones brotó de mis labios: "¡Gracias, Jesús, por salvar a Crystal! Te alabo por rescatarla de las drogas. Pido Tú protección sobre ella y que el enemigo nunca más pueda tentarla de nuevo en su vida." En ese momento ella comenzó a orar también. En ese instante me di cuenta de que Dios contestó mi oración con este pequeño encuentro en un semáforo.

No hay que olvidar, que todo esto ocurrió entre una luz roja y una luz verde, en menos de tres minutos. No puedo evitar preguntarme si Dios alargó el tiempo de la luz roja para esa cita divina y especial. El semáforo se puso en verde, nos abrazamos, y ella siguió su camino. Ah, y por supuesto que doné al ministerio con un corazón lleno de amor.

Echando un vistazo en el espejo retrovisor observé un espectáculo que nunca olvidaré. Crystal saltó en el aire con sus brazos extendidos hacia el cielo como diciendo: "Te alabo Señor Jesús. ¡Gracias por amarme tanto y regalarme este breve encuentro especial con una hermana en Cristo!" Le puedo compartir que una sonrisa adornaba mi cara, el calor del Espíritu Santo abrazó mi alma, y alabanzas al Señor llenaron mi auto.

Inmediatamente pensamientos invadieron mi interior, "¿Alguien más observó esta reunión? Si es así, ¿Qué estarían pensando?" Las lágrimas se deslizaban por mis mejillas. Estaba profundamente impactada al darme cuenta de cómo Dios respondió mi oración de esa mañana en cuestión de minutos. ¡Mi auto sirve para una gran variedad de propósitos...hasta para un lugar de oración!

RETO DE ORACIÓN

¿Usted utiliza su auto como un lugar de oración? Trate de orar mientras usted está conduciendo. Aproveche este tiempo para estar en comunión con el Señor... "Señor, yo no quiero perder ni un momento contigo. ¿Qué tienes planeado? ¡No puedo esperar para averiguarlo!" Prepárese. ¡Esté dispuesto y alerta!

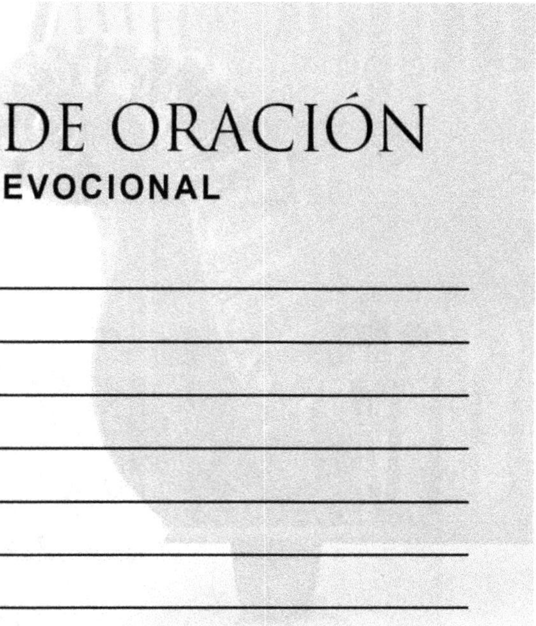

MI SILLÓN DE ORACIÓN
DIARIO DEVOCIONAL

_____

_____

_____

_____

_____

_____

_____

_____

_____

_____

_____

_____

_____

_____

_____

_____

_____

_____

_____

_____

_____

_____

_____

_____

_____

_____

EN EL SILENCIO

Yo, Señor, espero en ti; tú, Señor y Dios mío, serás quien responda.

—Salmos 38:15

El silencio. ¿Por qué es tan difícil?

¿Puede recordar un momento en que usted oró con todo su corazón acerca de algo? Posiblemente usted oró por años y años. Tal vez parecía como si sus oraciones llegaran al techo y se regresaran. Honestamente, ¡esto puede ser desalentador! De hecho, en este punto, muchos pierden esperanza y tiran la toalla.

El silencio. ¿Cómo podemos confiar cuando no vemos los resultados?

Corrie Ten Boom apenas sobrevivió el encarcelamiento en un campamento de concentración Nazi. Allí presenció el sufrimiento y la muerte de su hermana y sufrió el maltrato de la guardia. A pesar de todas estas pruebas, ella pudo perdonar a sus abusadores y continuó confiando en Dios. Su vida es una ilustración de un alma viviendo, caminando y respirando con Jesús. A través de situaciones difíciles y amenazantes de la vida, su fe en Dios nunca vaciló. Confiaba en Él incluso cuando no veía resultados inmediatos. ¿Cómo lo hacía? Ella confiaba en quién era Dios, no en lo que Él podía hacer por ella. Ella confió en la Palabra de Dios. Su fe no se basaba en lo que Dios estaba haciendo en su vida, pero en el carácter de Dios. Incluso en circunstancias desesperadas, su caminar con Jesús se mantuvo fuerte. Ella se centró en Él, no en la situación. Como resultado, su ejemplo de vida sigue para animar a otros, incluso muchos años después de su muerte.

El silencio. A veces, en medio del silencio, Dios está haciendo su obra más importante.

Entiendo el silencio de la depresión. Los inquietantes recuerdos permanecen cerca de mi corazón y mi mente. En esta temporada fue difícil para mí escuchar de Dios. Sentía que me deslizaba más y más hasta el fondo de un pozo. Oré, pero no había respuesta. Preguntaba, pero no había respuesta. Mis pensamientos escalaron fuera de control hasta que un día grité, "¡Dios ayúdame!" Y Dios apareció de una manera poderosa. No tenía ni idea de que Dios había permitido este tiempo que yo llamo "En el silencio" para que yo aprendiera grandes verdades espirituales.

Dios nos llama a escucharlo. A confiar en su plan. Nos pide entregarlo todo, sin condiciones. Echar toda nuestra ansiedad sobre Él.

En el silencio...

Ore. Continúe levantando sus peticiones ante Él.

Confíe. Dios está en el proceso de lograr sus propósitos para su gloria.

Alabe. Alabe a Dios antes de que le revele la respuesta.

RETO DE ORACIÓN

¿Se siente como disco rayado cuando le presenta a Dios una y otra vez la misma petición? ¿Confía usted que Él está en control? ¿El silencio es una carga sobre usted? En este momento, transforme el silencio en una fe más profunda en Jesús. Recuerde, a veces en el silencio Dios está haciendo su trabajo más poderoso. Alégrese orando, confiando y alabando a Jesús en el silencio.

MI SILLÓN DE ORACIÓN
DIARIO DEVOCIONAL

Huellas de Oración

Así que, lejos de mí pecar contra Jehová dejando de rogar por vosotros.

—1 Samuel 12:23

"¡Voy a orar por usted!" ¿Cuántas veces ha dicho estas palabras? ¿Usted realmente cumple con su palabra? ¿O son nada más palabras de costumbre para hacer que alguien se sienta mejor? ¿Qué tan seria es esta frase para Dios?

El verso central de este capítulo es 1 Samuel 12:23, *Así que, lejos de mí pecar contra Jehová dejando de rogar por vosotros.* ¿Contra quién dice Samuel que pecamos cuando dejamos de orar o rogar unos por otros? ¡El Señor Jehová! Dios nos llama a orar los unos por los otros, levantar los unos a los otros en oración, y clamar en oración por las necesidades de otros. Samuel aprendió esto a una temprana edad. Antes de su nacimiento, Ana, su madre, era incapaz de concebir un hijo. Ella clamó a Dios por un hijo, y le hizo una promesa a Dios...

> *¡Jehová de los ejércitos!, si te dignas mirar a la aflicción de tu sierva, te acuerdas de mí y no te olvidas de tu sierva, sino que das a tu sierva un hijo varón, yo lo dedicaré a Jehová todos los días de su vida.*
> —1 Samuel 1:11

Dios escuchó su clamor. Él respondió a su oración. Y ella siguió adelante con su promesa a Dios. El ejemplo de la madre de Samuel dejó una huella de oración en el corazón de Samuel. A lo largo de las Escrituras encontramos ejemplo tras ejemplo de Samuel orando por los demás. Me encanta el hecho de que cuando él decía que iba a orar, lo hacía en ese momento. Como vemos en 1 Samuel 7:5, Samuel dijo: *"Reunid a todo Israel en Mizpa, y yo oraré por vosotros a Jehová."*

Entender la importancia de cumplir con nuestra promesa de "Voy a orar por usted" es sólo el comienzo. Ahora, ¿Usted cree que sus oraciones tienen un impacto? ¿Realmente cree en lo que pide, o dice las palabras solo por obligación? ¡Prepárese para escuchar lo siguiente!

Confesaos vuestras ofensas unos a otros y orad unos por otros, para que seáis sanados. La oración eficaz del justo puede mucho. —Santiago 5:16

¿Orad unos por otros para que seáis sanados? ¿Cómo es que orar por otros me cura? En griego la palabra sanado en realidad significa hacer algo entero o completo…liberarnos de los errores y pecados. ¡Caramba! Cuando tomo un tiempo para orar por los demás, eso tiene un impacto en mí. Una huella de oración se incrusta para siempre en mi corazón. Mi relación con Jesús se profundiza. ¡Oh Señor, recuérdame orar por los demás!

Tengo que compartir una experiencia que nunca olvidaré. Hace algunos años, me encontré con algunas circunstancias difíciles mientras me acercaba al final de un compromiso de liderazgo. Con ganas de tirar la toalla, contemplé el terminar mi compromiso antes de tiempo. Le pedí al Señor por ánimo para terminar la carrera a través de su fuerza, no la mía.

El próximo domingo en la iglesia, una mujer me detuvo en el pasillo. Yo sabía su nombre, pero en realidad no la conocía personalmente. Las palabras que salieron de su boca penetraron mi corazón cuando ella me preguntó: "¿Estás bien? El Señor me despertó a las dos de la mañana, tres noches seguidas, para orar por ti."

Totalmente asombrada le pregunté: "¿Porque estabas orando?" Su respuesta abrió el rincón oscuro donde escondía mi dolor, ira y frustración. Ella dijo: "¡Para que continúes tu camino! Yo no sé lo que significa, pero seguí orando para que puedas continuar tu camino."

Ahora quiero que entienda un punto muy importante. Nadie sabía de esta lucha en mi vida. Y yo no recuerdo haber tenido una conversación con esta persona que no haya sido un saludo informal antes o después del servicio de la iglesia. Solamente mi marido tenía idea de los pensamientos que ocupaban mi mente.

Pero Dios, en su forma infinita, llamó a esta mujer, en medio de la noche, para estar en la brecha de oración por alguien que ni siquiera conocía. Su diligencia en escuchar al Espíritu Santo, obedecer su llamado a orar, y luego compartir la experiencia conmigo fue lo que el Señor usó para impulsarme hacia adelante en el último tramo de la carrera. Oh, cuán agradecida estoy de que ella no dijo: "Yo no tengo tiempo. Yo no la conozco. ¡Tengo que dormir y estar lista para mañana!"

RETO DE ORACIÓN

Cuando le dice a alguien que va a orar por él o ella – ¡Hágalo! Siga adelante con el compromiso de orar. De hecho, cuando le diga a alguien que va a orar, hágalo ahí mismo... en el supermercado, por teléfono, en el trabajo, en la iglesia, durante la clase de gimnasia, en el patio. ¡Me parece que si yo oro inmediatamente soy más sensible a los recordatorios del Espíritu Santo a orar de nuevo más tarde! Casi se convierte en una huella de oración recordándome a cumplir con el compromiso de orar.

También, si se despierta a media noche y el Espíritu Santo pone a alguien o una situación en su mente no pierda la oportunidad de estar en la brecha de oración. ¡Hágalo, siga adelante y ore! Por cierto, esa oración podría ser justo lo que necesitaba para volverse a dormir.

MI SILLÓN DE ORACIÓN
DIARIO DEVOCIONAL

_____
_____
_____
_____
_____
_____
_____
_____
_____
_____
_____
_____
_____
_____
_____
_____
_____
_____
_____
_____
_____
_____
_____
_____
_____

ORACIÓN DE ALABANZA

Antes que me llamen, yo les responderé; todavía estarán hablando cuando ya los habré escuchado.

—Isaías 65:24

¿Cómo responde usted a la oración contestada? ¿Eleva rápidamente una oración de alabanza, o se olvida de dar las gracias? Honestamente, es tan fácil seguir avanzando sin dar crédito a quien crédito merece – a DIOS. Estamos tan entusiasmados con la respuesta que a veces fallamos en dirigir nuestras alabanzas y acciones de gracias al Señor.

Vamos al Antiguo Testamento, 1 Reyes 19:1-8, y veamos un tiempo en la vida de Elías, donde Él no elevó una oración de alabanza. En 1 Reyes 18, Elías experimentó un milagro en la cima de la montaña. Bajando de la montaña, terminó cara a cara con Jezabel – la mujer mala que amenazó con matarlo. Cansado, agotado, y temeroso, corrió por su vida. Después de un día de camino en el desierto, se sentó debajo de un enebro y literalmente oro para poder morir. Él clamó a Dios: "Ya no aguanto, Señor quítame la vida. Yo no soy mejor que mis antepasados."

De repente, un ángel lo tocó y le dijo que se levantara. El ángel le suministró comida y agua. Elías comió y bebió, y volvió a caer dormido. Esto sucedió una segunda vez. Contemplando de cerca la escritura, nos damos cuenta de que la oración de Elías fue respondida de inmediato. Pero, lamentablemente, Elías no reconoció ni entendió la respuesta de Dios a su oración. En su desesperación clamó, y Dios lo escuchó. El enfocarse solo en sí mismo no le permitió reconocer la provisión de Dios. ¡Él no tomó tiempo para levantar una oración de alabanza al Señor!

¿Es Elías diferente a nosotros hoy en día? Muchas veces clamamos a Dios por ayuda y Él a cambio nos fortalece, ofrece ayuda, anima, y nos dirige a través de nuestra situación. Pero no somos capaces de reconocerlo en medio de las respuestas.

Soy una persona emprendedora, que se emociona con tachar cosas de la lista de quehaceres. De hecho, por lo general tengo mi agenda llena con días de anticipación. Como resultado, cuando mi horario se interrumpe o mi casa está hecha un desastre, por lo general no respondo con una oración de alabanza. Mi carne se apodera de mí y permito que la situación se adueñe de mi día en lugar de enfocarme en el Señor. Es cuando mantengo mi enfoque en Jesús que mi perspectiva cambia.

RETO DE ORACIÓN

¿Reconoce las respuestas de Dios a sus oraciones? ¿Lo alaba antes de saber las respuestas? Empiece pidiendo al Espíritu Santo para que le ayude a reconocer la obra del Señor en medio de sus oraciones. Pida para que sus ojos se abran a lo qué está haciendo el Señor y como lo está haciendo. Y cuando Dios responda en su forma creativa y tierna, recuerde elevar una oración de alabanza a Dios. ¡Él podría estar enviando un ángel para alimentarlo de su mano así como lo hizo con Elías!

MI SILLÓN DE ORACIÓN
DIARIO DEVOCIONAL

_____
_____
_____
_____
_____
_____
_____
_____
_____
_____
_____
_____
_____
_____
_____
_____
_____
_____
_____
_____
_____
_____
_____

SEÑALES DE DESVIACIÓN

Les fue prohibido por el Espíritu Santo hablar la palabra en Asia; y cuando llegaron a Misia, intentaron ir a Bitinia, pero el Espíritu no se lo permitió.

—Hechos 16:6-7

¿Ha experimentado conducir por la carretera y de repente, justo en el medio de su camino, ve un gran rótulo amarillo que dice – CAMINO CERRADO? Más allá del rótulo la carretera parece estar en buenas condiciones. Frustrado y confundido, usted contempla seguir adelante de todos modos. Pero se da cuenta de que debe prestar atención a la señal y seguir la ruta alternativa. Más tarde descubre porque lo desviaron de su camino. Pocos kilómetros después de la señal, un puente se derrumbó, haciendo el camino peligroso e intransitable. Una sensación de alivio y agradecimiento cubre todo su cuerpo cuando se da cuenta de cómo fue protegido.

¿Cómo maneja usted las señales de la vida que no tienen sentido en el momento? Los que están en el ministerio no son inmunes a los desvíos de la vida. Como oradora tengo que programar eventos con meses de antelación. Debido a algunas circunstancias inusuales, una gran iglesia canceló un evento conmigo. Al principio sentí una decepción. Un par de días más tarde, recibí una llamada telefónica de una mujer pidiendo consejos en la formación de un equipo de trabajo para el ministerio de mujeres en su iglesia. Ella adquirió mi nombre a través de una búsqueda en el internet de "Retiros de Mujeres en Texas." Apareció *Reflective Life Ministries*.

Ella continuó diciendo que su iglesia se encontraba en un pequeño pueblo de Texas con una población de 525 habitantes, básicamente en medio de la nada. Dios conmovió los corazones de seis mujeres para comenzar un ministerio, pero no tenían ni idea por dónde empezar. Mientras conversábamos, Dios confirmó en mi corazón su voluntad de esta conversación. Dios nos conectó para cumplir sus propósitos. Como resultado, ella me pidió que diera unas charlas en un evento para lanzar el ministerio de damas. Y no podrá creer que la única noche que funcionaba en la agenda de ellas era la fecha en que la otra iglesia había cancelado. ¡Qué asombroso, sólo Dios! Dios permite las paradas y los desvíos por alguna razón. Recuerde... obedezca las señales.

El versículo en el comienzo de este segmento, dice, les fue prohibido por el Espíritu Santo hablar la palabra en Asia; y cuando llegaron a Misia, intentaron ir a Bitinia, pero el Espíritu no se los permitió. Si tiene oportunidad, lea Hechos 16: 1-10. Note quién guía a Pablo y Silas – El Espíritu Santo – nuestro consejero, maestro y guía. ¡Ellos siguieron las instrucciones del Espíritu Santo sin discutir ni quejarse! Es una lección que todos debemos aprender.

RETO DE ORACIÓN

¿Está experimentando alguna señal de desviación en su vida? ¿Está usted confundido y preguntándose por qué Dios permitió esto en su vida? Aprenda a alabarle en medio del momento. Dele gracias. Él sabe que es lo mejor para nosotros y está trabajando en un plan poderoso. Alábele por enseñarle a confiar en Él, a pesar de que las cosas parezcan no tener sentido. Pídale a Dios que le prepare para esas interrupciones inesperadas en su vida. También, de un paso más adelante y ore por otros que están experimentando las desviaciones de la vida. Ore para que confíen en Dios en medio de todo.

MI SILLÓN DE ORACIÓN
DIARIO DEVOCIONAL

_____
_____
_____
_____
_____
_____
_____
_____
_____
_____
_____
_____
_____
_____
_____
_____
_____
_____
_____
_____
_____
_____
_____
_____
_____

EMPAREDADOS DE MANTEQUILLA DE MANÍ

Yo abrí la boca y él hizo que me comiera el rollo. Luego me dijo: «Hijo de hombre, cómete el rollo que te estoy dando hasta que te sacies.» Y yo me lo comí, y era tan dulce como la miel...

—Ezequiel 3:2-3

Son las 5:30 a.m. y un fuerte ruido sacude mi cuerpo. De inmediato, me estiro para empujar el botón de repetición de mi alarma. Diez minutos después, otra explosión me pone en movimiento. Con los pies firmemente plantados en el suelo me dirijo a la cocina. Oh, que bendición es el tener una cafetera automática. Todavía media dormida, me doy cuenta de que el reloj ahora marca las 5:45 a.m.

Una súplica fluye de mi alma: "¡Señor, es otro día lleno de rutinas – preparar a los niños para la escuela, hacer el desayuno, alimentar a los perros, alistar loncheras, recordar tareas, empacar zapatos deportivos, firmar notas, esperar el autobús y cualquier otra cosa que esté olvidando. ¡Y todo esto antes de las 6:30 a.m.! Por favor, ayúdame a tener una actitud positiva esta mañana."

Después de despertar a los niños, me tomo otro sorbo de café. Oigo un pequeño ruido en el baño, que se convierte en un rugido. ¿Y ahora qué están discutiendo? Afortunadamente mis palabras de sabiduría extinguen rápidamente el argumento. Por supuesto, mis hijos ya saben que más vale prestar atención a mis advertencias... usted sabe a lo que me refiero.

¡Los niños piden cereal para su desayuno – rápido y fácil! Al darme cuenta de que el tiempo se está acabando empiezo a preparar los almuerzos. Durante el proceso, el siguiente pensamiento corre por mi mente, "¿Cuántos emparedados de mantequilla de maní he hecho en todos estos años?" En ese mismo momento sale otra idea a la superficie, "¿Qué pasaría si empiezo a orar por mis hijos cuando yo hago sus almuerzos? Puedo utilizar estos emparedados de mantequilla de maní como recordatorios visuales para orar por cada uno de ellos." Con un toque de emoción, tomé el pan, cuchillo, frascos de mantequilla de maní y jalea. Al untar con el cuchillo, empecé a orar...

"Señor, al igual que yo extiendo esta mantequilla de maní en el pan, puedes difundir tu palabra en los corazones de mis hijos. Dales un entusiasmo por compartir el mensaje de Jesús con sus amigos en la escuela. Y como esta jalea aporta dulzura, que tu Espíritu Santo endulce su relación con Jesús. Al igual que estas dos tapas de pan cubren la mantequilla de maní y la jalea, que tu amor y protección cubran la vida de mis hijos. Por último, así como el comer este sándwich contiene nutrición física, que puedan experimentar el sabor de tu alimento espiritual durante todo el día."

Inmediatamente me di cuenta de que Dios había respondido mi oración de la mañana en la cual pedí por una actitud positiva. Una inmensa gratitud llenó mi corazón, alma y mente. Un canto de alabanza salió de mis labios mientras le di la gloria a Dios por su presencia y por responder a mi oración.

RETO DE ORACIÓN

¿Está usted en necesidad de una nueva perspectiva y una visión para el día? Pídale al Señor para que Él le anime en sus rutinas del día. Esté atento a las maneras en que Él da respuestas a sus oraciones. ¡Oh, qué precioso es cuando dejamos los detalles a Jesús y lo vemos cambiar nuestros corazones!

MI SILLÓN DE ORACIÓN
DIARIO DEVOCIONAL

_____
_____
_____
_____
_____
_____
_____
_____
_____
_____
_____
_____
_____
_____
_____
_____
_____
_____
_____
_____
_____
_____
_____

¿QUÉ PASARÁ SI...?

Así que no temas, porque yo estoy contigo; no te angusties, porque yo soy tu Dios. Te fortaleceré y te ayudaré; te sostendré con mi diestra victoriosa.

—Isaías 41:10

Seguramente ella no tiene la edad suficiente para conducir – ¡mi bebé no! Debo admitir que no estoy lista para esta etapa de su vida. No es que dude de su capacidad, pero esto representa un paso más hacia la independencia. Con confianza, ella se abrocha el cinturón de seguridad sentada detrás del volante.

Un temor repentino llena mis pensamientos. Usted sabe...el clásico "qué pasará si" que invade su mente como un enjambre de abejas. ¿Qué pasará si ella no ve un carro que viene hacia ella? ¿Qué pasará si ella no se detiene a tiempo en un semáforo en rojo? ¿Qué pasará si ella pierde el control al manejar? Después de recuperar el aliento, el Señor me recuerda que Él está en control. Mi trabajo consiste en enseñarle a mi hija a ser una conductora responsable y orar por su seguridad.

Esto me recuerda una lección espiritual. A menudo, marchamos a toda aceleración a lo largo del día y luego chocamos con dudas y miedos inesperados. Por ejemplo, una prueba de mamografía tiene resultados inconclusos y necesita pruebas adicionales. De repente los "qué pasará si" nos atacan por todas lados, y antes de darnos cuenta, el miedo sustituye a la confianza en Jesús. Esta inquietud consume cada pensamiento.

Pero... ¿qué si cambiamos nuestros pensamientos en una vida de oración? ¿Cuántos pensamientos tenemos en un día? En mi opinión, debe ser por lo menos un trillón. ¿Qué pasa si cambiamos nuestros pensamientos por oraciones? ¿Cuántas veces estaríamos comunicándonos con el Señor? Estaríamos viviendo, caminando y respirando con Jesús.

¿Ve la diferencia? Jesús es el que vuelve a centrar nuestros corazones y mentes en los propósitos del Reino. Esto es un hábito poderoso que podemos incorporar en nuestra vida cotidiana. ¡Un hábito que cambia nuestras vidas para siempre!

RETO DE ORACIÓN

Pídale a Dios que le ayude a reemplazar el miedo por confianza. Cambie su vida de pensamientos a una vida de oración. Medite en Isaías 41:10, *Así que no temas, porque yo estoy contigo; no te angusties, porque yo soy tu Dios. Te fortaleceré y te ayudaré; te sostendré con mi diestra victoriosa.* ¿Acaso este versículo se enfoca en que Dios quitará las circunstancias negativas? ¿Al orar podemos eliminar automáticamente la situación difícil de nuestras vidas? No, en lo absoluto. Dios confirma que Él está con nosotros en medio de la circunstancias. Él quiere que rindamos todo ante Él, incluso nuestros temores. ¡Nuestro objetivo es el intercambio de los "qué pasará si" por confiar sin temor!

MI SILLÓN DE ORACIÓN
DIARIO DEVOCIONAL

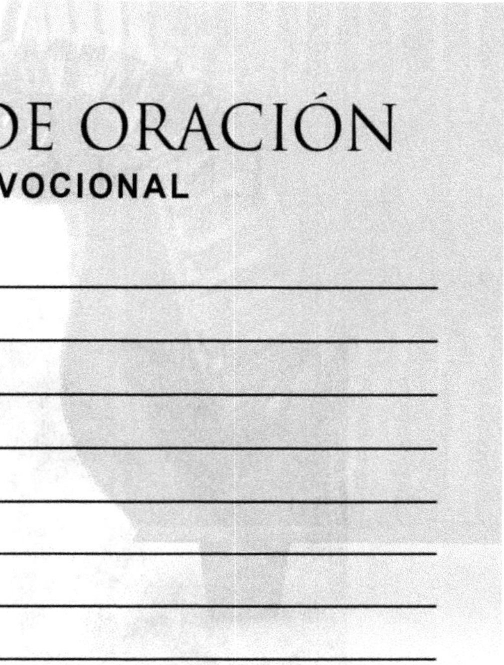

_____

_____

_____

_____

_____

_____

_____

_____

_____

_____

_____

_____

_____

_____

_____

_____

_____

_____

_____

_____

_____

_____

EN SUS MANOS

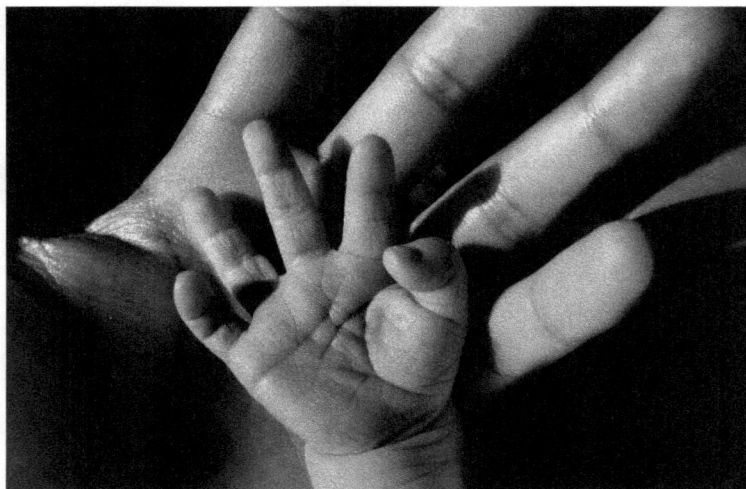

Puse en el Señor toda mi esperanza; él se inclinó hacia mí y escuchó mi clamor.

— Salmos 40:1

¿Siente como si sus oraciones no llegaran más allá del techo? ¿Le parece que alguien golpeó el botón de silencio cuando se trata de su vida de oración? ¿Se está preguntando por qué Dios no responde a sus oraciones?

A veces, en el silencio es cuando Dios está haciendo Su obra más importante.

Quizás está usted pasando por esto ahora mismo, "¡Me rindo! He orado durante años esta oración sin respuesta, pero nada... ni pío, ni una palabra, ni una señal, ninguna respuesta. ¡Yo no creo que Dios me está escuchando cuando oro!"

Cuando estos pensamientos se filtran en nuestra mente, hay que capturarlos y ponerlos en las manos de Dios. A menudo conectamos expectativas específicas a nuestras oraciones, tales como de qué forma y cuándo necesitan ser contestadas. Cuando estas expectativas no son satisfechas, los sentimientos de decepción y las dudas comienzan a arrastrarse en nuestras mentes. ¡Una vez más, con un fuerte grito digo... hay que tomar esos pensamientos en cautiverio y ponerlos en las manos de Jesús!

Cuando oramos, Dios quiere que le demos acceso completo a hacer su voluntad. Por ejemplo, en una obra de teatro, ¿Acaso alistan el escenario detrás del telón o con el telón abierto? Por lo general, el telón se cierra o las luces están apagadas. Al abrirse el telón, la atención del público se dirige de inmediato a la escena.

En general, ni nos damos cuenta de los esfuerzos del personal trabajando detrás del telón. Así es Dios en acción. Él siempre está trabajando detrás de la escena, para que cuando se abra el telón disfrutemos de la producción.

Lea este extracto del estudio bíblico que escribí llamado *Reflejándolo: Viviendo Para Jesús y Amándolo*, Semana 7, Día 2...

> En mis primeros años de adulta, uno de mis pastores me pidió servir en un comité de la iglesia. Con alegría y entusiasmo, le dije: " Sí. " Cuando entré en la primera reunión, me di cuenta que yo no conocía a nadie. Después de unos treinta minutos, me di cuenta de que una persona dominaba la conversación, y entre más hablaba esta persona, más frustrada me sentía. Algunos pensamientos corrieron por mi mente, como el de, ¡No hay manera en que yo pueda servir en un equipo con esta persona!
>
> Unos días más tarde, sin orar al respecto, decidí a retirar mi nombre del comité. Una dulce amigo cristiana me desafió a pedirle al Señor que me ayudara a ver a esa persona del comité a través de sus ojos. Decidí orar, pero con poca esperanza de cambiar de opinión.
>
> Después de unas cuantas reuniones, me di cuenta de que mis molestias anteriores habían disminuido. Asombrosamente, Dios comenzó a cambiar mi corazón, y entonces pude ver mis diferencias con ella como una bendición. ¡Llegué a amarla debido al regalo del amor de Dios! Es obvio que en cuanto más trataba de controlar la situación, más molesta me ponía con el comité y más frustrada me ponía con nuestro propósito de servir al Señor. Yo quería que las cosas cambiaran

de inmediato, pero Dios tenía que enseñarme como esperarlo a Él. En el momento que renuncié control sobre la situación y comencé a orar, Dios me cambió.

RETO DE ORACIÓN

¿Al observar la fotografía de este día, qué es lo que le viene a su mente? Ahora, lea el Salmo 40:1 y todo el Salmo 5. ¿Qué ha aprendido de estos versículos? Pídale a Dios que le ayude a dejar sus peticiones en sus manos. Confié en que Él escucha sus oraciones. Crea que Él está obrando el cumplimiento de su voluntad. Si Jesús puede dejar sus circunstancias en las manos de Dios, nosotros también podemos.

MI SILLÓN DE ORACIÓN
DIARIO DEVOCIONAL

_____
_____
_____
_____
_____
_____
_____
_____
_____
_____
_____
_____
_____
_____
_____
_____
_____
_____
_____
_____
_____
_____
_____
_____

LA CRISIS DE CREER

Pero que pida con fe, sin dudar, porque quien duda es como las olas del mar, agitadas y llevadas de un lado a otro por el viento.

—Santiago 1:6

Dudas… Miedo… Decisiones… Oh, Dios, ¿Qué debo hacer? ¿Ha experimentado usted estos pensamientos recientemente? ¿Puede recordar un momento en que fue presa al pánico debido a una decisión? Todos hemos estado allí en un momento u otro. Personalmente, me encantaría que Dios me diera respuestas claramente. Un anuncio enorme no estaría mal. ¿Qué tal un correo electrónico? ¡Eso funcionaría maravillosamente! Imagine que pudiera abrir su bandeja de entrada para ver un mensaje de Dios. ¿Por qué no funcionan las cosas de esta manera?

Los creyentes tienen el privilegio de hablar con Dios veinticuatro horas al día, siete días a la semana. Él siempre está ahí esperando escuchar, actuar y comunicarse con nosotros. Él desea una comunicación permanente con sus hijos. Si usted es un padre, usted puede entender. Él no quiere que solamente le llamemos durante las emergencias. Él está allí en esos momentos que necesitamos "intervención de crisis," pero Él quiere que nos acerquemos a Él para todo.

Recuerdo que cuando era una niña oía hablar a mi abuela acerca de orar por lugares de estacionamiento en el supermercado. Ella decía que a veces conseguía un lugar cerca de la puerta y otras veces hasta atrás. No importaba dónde se estacionaba. Ella daba las gracias a Dios por su provisión. Su voz todavía resuena en mi corazón, "Mi amor, Él está en control." Cuando era niña esta declaración parecía un poco extraña. Pero más tarde me di cuenta de que ella continuamente reflejaba una permanente y confiada relación con Jesús vivo. Oh, ¡qué bendición de ver a una mujer vivir su vida por Él!

En sus últimos años, cuando ella ya no podía manejar, la llamaba regularmente. Inevitablemente, cuando le preguntaba acerca de su día a menudo respondía con estas palabras: "¡Estoy en mi silla oración!" Lagrimas humedecen mis mejillas cada vez que recuerdo sus tiernas y poderosas palabras. Mi abuela me mostró una imagen real de lo que es tener una relación diaria con Jesús. No se basa en lo que puedo hacer por Él, sino como convivo con Él. Doy gracias a Dios por una abuela que modeló una relación caminando, respirando, y experimentando a Jesús. ¿Me pregunto si en el cielo Dios tiene repeticiones de todas las oraciones que sus hijos han orado? ¡Tan sólo de pensar en escuchar todas las oraciones que mi abuela oraba sobre mí me lleva hasta las lágrimas!

RETO DE ORACIÓN

Pónganse cómodo en su silla oración y lea Santiago 1:2-6...

> *Hermanos míos, considérense muy dichosos cuando tengan que enfrentarse con diversas pruebas, pues ya saben que la prueba de su fe produce constancia. Y la constancia debe llevar a feliz término la obra, para que sean perfectos e íntegros, sin que les falte nada. Si a alguno de ustedes le falta sabiduría, pídasela a Dios, y él se la dará, pues Dios da a todos generosamente sin menospreciar a nadie. Pero que pida con fe, sin dudar, porque quien duda es como las olas del mar, agitadas y llevadas de un lado a otro por el viento.*

Dios no quiere que sólo lo llamemos para "consejería en crisis." Él quiere que vayamos a Él 24/7 con alabanzas, acciones de gracia, amor, necesidades, decisiones, peticiones por sabiduría, y peticiones por los demás. Él nos llama a una relación íntima con Él mismo. ¡Las bendiciones fluyen cuando confiamos en Él!

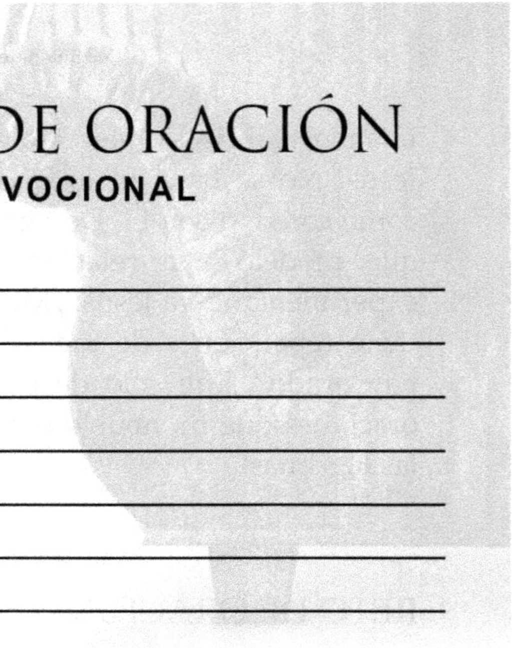

MI SILLÓN DE ORACIÓN
DIARIO DEVOCIONAL

_____

_____

_____

_____

_____

_____

_____

_____

_____

_____

_____

_____

_____

_____

_____

_____

_____

_____

_____

_____

_____

DECISIONES

Todos, en un mismo espíritu, se dedicaban a la oración.

—Hechos 1:14

"¡Estoy tan confundido! ¿No sé qué hacer?"¿Alguna vez se ha hecho esta pregunta? Usted tal vez se está haciendo esta pregunta ahora mismo. Posiblemente la imagen anterior representa su confusión... "Señor, ¿por dónde debo ir?" ¿Cómo puede tomar la decisión correcta de acuerdo a la voluntad de Dios para su vida?

71

Algunas decisiones son obvias. Si se pone en peligro lo que la palabra de Dios nos dice, entonces la decisión es clara. Dios nunca nos llevará a tomar una decisión que contradiga su palabra. Algunas decisiones involucran escoger el mejor camino. Por ejemplo, le ofrecen otro puesto de trabajo, lo que implica no sólo una promoción, sino también un cambio de ubicación. Esta es una gran oportunidad, pero va a ser difícil para sus hijos cambiar de escuela. Su trabajo actual ofrece ventajas maravillosas, pero la posibilidad de progreso es limitada. ¿Cómo puede tomar la decisión correcta? Vayamos a las escrituras para obtener nuestra respuesta.

En Hechos 1:15-26 los discípulos enfrentaron una situación complicada. Tenían que ocupar el lugar de Judas en el equipo. Pedro les recordó lo que decía el Salmo 109:8, *Que se acorten sus días, y que otro se haga cargo de su oficio.* Un desafío a tomar la decisión correcta se anteponía ante ellos. Dos hombres cumplían con los criterios para el puesto – Barsabás y Matías. Ambos hombres estaban calificados y dispuestos a llenar el lugar, pero sólo uno era el escogido de Dios para el puesto. La respuesta viene en Hechos 1:24-25, Y entonces oró, *Señor, tú que conoces el corazón de todos, muéstranos a cuál de estos dos has elegido para que se haga cargo del servicio apostólico que Judas dejó para irse al lugar que le correspondía. Luego echaron suertes y la elección recayó en Matías; así que él fue reconocido junto con los once apóstoles.*

Ellos oraron, confiando en Dios para mostrarles el mejor hombre. No se sentaron alrededor a debatir entre ellos. Se movieron hacia adelante, buscando la voluntad del

Señor. Dios nos llama a orar y avanzar en nuestras oraciones. ¡Qué gran ejemplo de oración!

Tenemos que actuar de la misma manera en la actualidad. ¡Hay que traer todo ante Jesús y confiar en su respuesta, en su tiempo, en su camino! Ore con audacia antes de tomar una decisión. Confié en que Dios ya tiene la respuesta. Con valentía aprenda acerca de la oración a través del proceso de la toma de decisiones. Casi no puedo contener mi entusiasmo mientras escribo estas palabras. Dios le mostrará su respuesta... ¡Lo prometo!

RETO DE ORACIÓN

¿Está frente a una decisión? ¡Ore! Ahora, siga adelante en la voluntad de Dios y Él le ira revelando su plan. Pídale al Espíritu Santo para que le recuerde estar atento y reconocer las respuestas de Dios a sus oraciones. ¡Nunca se olvide de alabarle, porque la gloria le pertenece a Dios!

MI SILLÓN DE ORACIÓN
DIARIO DEVOCIONAL

CON RODILLERAS

Dios es nuestro amparo y nuestra fortaleza, nuestra ayuda segura en momentos de angustia.

—Salmos 46:1

¡Conducir... la pesadilla de toda madre! ¿Recuerda la primera vez que su hijo salió de su casa manejado – SOLO y con nadie para recordarle de disminuir la velocidad, o decirle que está demasiado cerca del auto adelante de él? La mirada de independencia y de realización adornaba su rostro, así como la expresión de la temida "soy invencible." Por dentro, usted sufre la batalla de la libertad contra el miedo – la libertad de no tener que conducir a su hijo por toda la ciudad, y el miedo a la libertad que su hijo ahora tiene a su disposición.

Con tres conductores adolescentes en nuestra casa a la vez, yo necesitaba rodilleras personalizadas. O quizás debería nombrarlas almohadillas para orar de rodillas. Una mañana, tres minutos después de que nuestro tercer hijo saliera condiciendo a la escuela, recibí una llamada telefónica. La voz temblorosa dijo: "Mamá, golpeé a un venado con el auto. ¡Carly se golpeó la cabeza con el tablero del auto! ¡Estoy conduciendo de regreso a casa!" Yo esperaba ver la parte delantera del auto destrozada, con cuernos pegados en la parrilla. Para mi asombro, sólo pude observar una pequeña abolladura.

Tate dijo: "Mamá, yo sabía que estaba en problemas cuando el venado corrió hacia la carretera. ¡Sé que los ángeles de Dios nos protegieron!" Saliendo de la boca de un chico de diecisiete años de edad corrían palabras de fe en su Salvador Jesús. Una tremenda alegría se encendió en mi corazón cuando me di cuenta de que Dios respondió a mis oraciones. Dios no sólo protegió a mis hijos, ellos experimentaron el amor de Dios a través de esa protección.

RETO DE ORACIÓN

Pídale a Jesús para que le ayude a experimentar su amor y protección. Pídale al Señor para que abra los ojos a las formas en que Dios le protege a usted y a su familia todos los días. Confié en Él por el cuidado de sus hijos en todo sentido. El miedo paraliza, pero la confianza abre la puerta para que pueda experimentar la libertad en Cristo. *Dios es nuestro amparo y nuestra fortaleza, nuestra ayuda segura en momentos de angustia.* —Salmo 46:1.

MI SILLÓN DE ORACIÓN
DIARIO DEVOCIONAL

_____

_____

_____

_____

_____

_____

_____

_____

_____

_____

_____

_____

_____

_____

_____

_____

_____

_____

_____

_____

_____

_____

A PASO ACELERADO

"Clama a mí y te responderé, y te daré a conocer cosas grandes y ocultas que tú no sabes."

—Jeremías 33:3

¡Ocupada... más ocupada... muy ocupada! ¿Esto le suena familiar? ¿Esto describe su vida diaria? Hace unos años, nuestros dos hijos mayores llegaron a casa de la universidad durante el fin de semana de la Semana Santa. Después de ir a la iglesia y de compartir el almuerzo, nuestra familia se reunió en la terraza. Historias del pasado inundaron nuestras conversaciones. Al contemplar a mi hijo mayor, estas palabras salieron de mi boca, "Parece que fue ayer. Todavía puedo ver tu entusiasmo para encontrar huevos de Pascua. ¿Te acuerdas?" De repente, esa frase me trajo recuerdos de mi madre diciéndome las mismas palabras.

¿Por qué parece que el tiempo se va tan rápido? ¿Quizás estamos tan ocupados que perdemos la noción de la vida misma? ¿Probablemente el ajetreo se ha convertido en nuestro enemigo? Cuando esto sucede, muchas veces nuestra vida de oración sufre. Nos despertamos y corremos toda la mañana y nos arrastramos a la cama en la noche. Estamos tan envueltos en nuestros propios problemas y circunstancias que cada día se desvanece en el siguiente.

Como resultado, vivimos para sobrevivir. ¡Este no es el plan de Dios para nuestras vidas! Él desea que vivamos cada día completamente entregados a Jesús. Desde el momento en que nos despertamos, Él nos está esperando para conectarse con nosotros. Dios desea tiempo de calidad con sus hijos, pero Él nunca nos forzará a apartar ese tiempo. ¡Él tiene un programa diario establecido para sus hijos, pero depende de nosotros orar para recibir la asignación del día!

RETO DE ORACIÓN

¡Tome un descanso de la vida a paso acelerado, y ore! Ahora mismo, tome tiempo para pedirle que revele su agenda para este día. Lea Jeremías 32:16-44 y 33:1-3. Observe cómo Jeremías ora por entendimiento, y Dios responde. Confíe en Él actuando en medio de sus oraciones. Escuche su voz tierna durante todo el día.

MI SILLÓN DE ORACIÓN
DIARIO DEVOCIONAL

_____
_____
_____
_____
_____
_____
_____
_____
_____
_____
_____
_____
_____
_____
_____
_____
_____
_____
_____
_____
_____
_____

ASÓMBRESE

... Pero mi corazón se asombra ante tu palabra. Yo me regocijo en tu promesa como quien halla un gran botín.

—Salmos 119:161-162

Cuanto más leo su Palabra, más lo conozco...

Cuanto más lo conozco, más lo amo...

Cuanto más le amo, más entiendo...

¡La vida no es para mí, es toda para Él!

83

¿Puede escuchar su voz? ¿Puede describir el sonido? ¿Es tranquilo, gentil y suave? ¿O nítido, claro y definido?

Debo admitir que mis oraciones a menudo consisten en hablar en lugar de escuchar. Es casi como una conversación unilateral. Ya sabe, una conversación centrada en mí misma, mis necesidades, mis preocupaciones, mis deseos.

Juntos vamos a practicar el discernimiento de la voz de Dios. Vuelva a leer el Salmo 119:161-162. Ahora vamos a estudiarlo detenidamente...

Pero mi corazón se asombra ante tu palabra....

¿Cuándo fue la última vez que estuvo profundamente impactado o asombrado ante la palabra de Dios? Yo no quiero perder un momento maravilloso de lo que Él me está diciendo. Pedirle al Espíritu Santo para que cada palabra cobre vida en nuestro corazón es vital para discernir la voz de Dios. Él aporta frescura a las verdades espirituales de la Palabra de Dios.

Yo me regocijo en tu promesa como quien haya un gran botín.

Como el máximo maestro y consejero, el Espíritu Santo nos recuerda constantemente a Jesús. El Espíritu revela verdades y comunica sabiduría. Pida por un corazón de entendimiento y busque los tesoros espirituales. Dios nos colma de su amor por medio de Su Palabra. ¡Alabado sea Dios por momentos íntimos con el Salvador!

¿Ha experimentado la majestad de Dios? Hace unos años, le pedí al Señor que me revelara su majestad. Básicamente guardé esta oración en mi corazón. Más adelante durante la semana, me fui de compras con una amiga que recientemente había aceptado a Jesús en su vida. En medio de ese tiempo lindo, se me ocurrió ver hacia arriba, hacia el cielo. Mi boca se abrió cuando vi algo increíble, algo que nunca había visto antes. ¡Un arco iris enmarcaba al sol! Cada color brillaba con un resplandor, intensidad y brillo como si fuera a cantar, "¡Majestad! ¡Gloria a su Majestad!" Casi me caí de rodillas, alabando a Dios en el estacionamiento. Una mirada de asombro adornaba mi cara mientras que compartí con mi amiga la petición que hice a principios de esa semana.

Dios, en toda su gloria, optó por responder a mi petición de una manera única y personal. Como resultado, no sólo tuve un momento de ternura con la majestad de Dios, pero mi nueva hermana en Cristo también experimentó el esplendor de Dios. Aprendí una lección poderosa ese día. Cuando usted le pide a Dios que se revele ante usted, mantenga los ojos abiertos para observar la manera en la que Él escoge para darse a conocer. Dios puede usar su oración para revelarse a los demás también. ¡Qué dulce y tierno momento, uno que nunca olvidaré!

Cuanto más leo su Palabra, más lo conozco...

Cuanto más lo conozco, más lo amo...

Cuanto más le amo, más entiendo...

¡La vida no es para mí, es toda para Él!

RETO DE ORACIÓN

Lea el Salmo 119:161-176. Observe la cantidad de veces que el salmista usa Su Palabra, Su ley, Su testimonio, Su salvación, Sus mandamientos, Sus estatutos, Sus juicios, y Sus preceptos. El salmista no se rebela contra los caminos de Dios, sino que afirma su amor, dedicación y confianza en el Señor. ¡Qué impactante! Pídale al Señor que le abra los ojos a Su Palabra para que pueda entender completamente la gracia y misericordia de salvación a través de Su Hijo, Jesús. Comprométase con la lectura de la Palabra de Dios todos los días. Después, esté atento a los momentos de enseñanza en todo el día. Sorpréndase al caminar, hablar, y respirar con Jesús.

MI SILLÓN DE ORACIÓN
DIARIO DEVOCIONAL

_____
_____
_____
_____
_____
_____
_____
_____
_____
_____
_____
_____
_____
_____
_____
_____
_____
_____
_____
_____
_____
_____
_____
_____

Día Veraniego

Rugirá el Señor desde Sión, tronará su voz desde Jerusalén, y la tierra y el cielo temblarán. Pero el Señor será un refugio para su pueblo, una fortaleza para los israelitas.

—Joel 3:16

¿Qué le viene a la mente cuando escucha la frase día veraniego? Muchas veces esta frase se utiliza para describir los meses de verano calurosos y secos. Tal vez sus pensamientos recuerdan su infancia, cuando el sonido de insectos lo arrulló al dormir. Posiblemente recuerde un viento abrasador que soplaba en su cara o el caminar descalzo en el calor del día. En el momento en que sus pies tocaron el pavimento caliente comenzó el baile de la acera. Este baile continuó hasta que sus pies aterrizaron en la sombra o en el césped.

Dios usa las situaciones de la vida real para enseñarnos lecciones de la vida espiritual. Por ejemplo, el tiempo no sólo afecta a nuestros cuerpos físicos, sino también nuestras emociones y las condiciones espirituales. Vuelva a leer Joel 3:16. Ahora lea Isaías 25:1,4. *Señor, tú eres mi Dios; te exaltaré y alabaré tu nombre porque has hecho maravillas.... un resguardo contra la tormenta, una sombra contra el calor.*

El sol es vital para nuestra existencia humana. A medida que el sol emite luz visible, calor y rayos ultravioleta, el cuerpo humano experimenta el impacto del sol. Es fácil ver cómo la luz visible nos afecta. La luz ultravioleta es invisible para el ojo humano y no se siente, pero sus efectos sobre la salud del cuerpo son de gran magnitud. De hecho, algunos de sus beneficios de salud más esenciales pasan desapercibidos. Por ejemplo, una de las mayores ventajas de la luz ultravioleta es la producción de vitamina D. Esta vitamina es esencial para el metabolismo del calcio, la formación de crecimiento de los huesos, y la lucha contra las enfermedades de la piel. En las regiones del norte del mundo, el sol brilla sólo unas pocas horas al día durante todo el invierno. Durante este tiempo de obscuridad, las personas son más propensas a la depresión. Una razón que explica este trastorno es una deficiencia de vitamina D.

¿No es este fenómeno como la vida cristiana? Hay momentos en que Dios nos permite ver destellos de su mano poderosa de la sanidad, la paz, el juicio, la protección, etc. En otras ocasiones, se experimenta el calor de las situaciones y circunstancias en la vida que necesitan purificación. Sin embargo, detrás del telón el Señor está cumpliendo continuamente sus propósitos. Dios es la inyección diaria de dosis de vitaminas espirituales que nuestras almas necesitan para vencer enfermedades pecaminosas que tratan de invadir nuestros pensamientos, corazones y vidas. Muchas veces no nos damos cuenta de estas expresiones del amor de Dios, que son tan vitales para el mantenimiento de nuestra salud espiritual.

¿Usted está experimentando algunos días veraniegos en su vida personal... en su matrimonio, con los hijos, con enfermedad, en el trabajo, con finanzas, con compromisos, relaciones, responsabilidades o decisiones? ¿El calor de una situación le está quitando su energía espiritual? ¡Dios nos llama a hacer la danza de la acera caliente y correr hacia Él, para que podamos morar bajo la sombra del omnipotente! ¡La oración nos mantiene en la sombra de sus alas!

RETO DE ORACIÓN

Lea el Salmo 63 y el Salmo 91. ¡Escriba una oración personal acerca de sus propios días veraniegos y pídale a Dios para que sea su sombra constante del calor! Alábele por todo lo que Él está haciendo a través de su vida sin que usted se dé cuenta. Pídale que abra sus ojos para reconocer su mano de protección, amor, propósito, gracia y misericordia. Al mismo tiempo, ore por los demás para que puedan experimentar la sombra del Altísimo en sus propias circunstancias difíciles. Es sólo una idea: pero es posible que usted sea el único que ruegue sobre la situación de esas personas. Levantar a personas en oración es un privilegio dado a los creyentes por Dios mismo. ¡Qué honor!

MI SILLÓN DE ORACIÓN
DIARIO DEVOCIONAL

_____
_____
_____
_____
_____
_____
_____
_____
_____
_____
_____
_____
_____
_____
_____
_____
_____
_____
_____
_____
_____
_____
_____

SIMPLEMENTE RESPIRE

Bendito sea el Señor, que ha oído mi voz suplicante. El Señor es mi fuerza y mi escudo; mi corazón en él confía; de él recibo ayuda. Mi corazón salta de alegría, y con cánticos le daré gracias.

—Salmos 28:6-7

¿Se siente desorientado? ¿Volteando en todas las direcciones? ¿Su agenda está planeada con días de anticipación? ¿Está anhelando el sólo respirar? La sociedad actual vive en el carril rápido. Con sólo pulsar un botón se ponen las cosas en movimiento... la alarmas del despertador, las cafeteras automáticas, los desayunos instantáneos de microondas, controles de puertas automáticas , reproductores de MP3 cargados con miles de canciones (¿Recuerda los reproductores de cintas "8-Track"? ¡Uno esperaba al menos cuatro canciones para escuchar su favorita!), DVR para la televisión, y la lista sigue y sigue. Esta era de la tecnología abre la puerta a un nuevo mundo de comodidad, pero también un nuevo conjunto de expectativas.

En muchos sentidos, hemos perdido la capacidad de practicar la paciencia. Pasar tiempo con Dios se ha vuelto como pasar por el autoservicio de un restaurante de comida rápida. Ponemos rápidamente nuestro pedido, conducimos hasta la ventana, le pagamos al cajero, recibimos la comida, y nos marchamos. ¡Incluso nos frustramos si la fila es demasiado larga! En el momento en que llegamos a la ventana, nuestras actitudes a veces no muestran aprecio, solo molestia.

Recientemente una amiga me acompañó en un viaje a Michigan, donde yo era la conferencista de un retiro. Ella y yo vivimos en diferentes ciudades de Texas, así que decidimos reunirnos en el aeropuerto de Grand Rapids. Después de alquilar un auto y asegurar el destino en nuestro GPS nos dirigimos hacia nuestra ruta. ¡Nuestra emoción llenó el auto con risas, conversaciones y alegría! Mi amiga necesitaba un poco de comida, así que nos detuvimos en una fila de restaurante de comida rápida para pedir una hamburguesa en el auto. Después de hacer el pedido conduje hasta la primera ventanilla y pagamos por la comida. A continuación procedí a la siguiente ventanilla, donde entregan la comida. Ahora, usted debe saber esto antes de continuar. Mi amiga y yo no habíamos dejado de hablar o reír desde el momento en que entramos en el auto. Así que llegué a la ventanilla y sin darme cuenta seguí conduciendo sin parar. Yo estaba en el otro lado del estacionamiento cuando mi amiga gritó: "¡Carla, te olvidaste de recoger mi comida!" Yo frené, miré en el espejo retrovisor y pude ver que el empleado del restaurante movía la bolsa por la ventanilla y frenéticamente agitaba sus brazos. Puse el auto en marcha atrás, conduje en reversa y con una mirada no muy amigable, me entregaron la comida. ¡Cabe mencionar que mi amiga y yo todavía nos reímos sobre el incidente!

Por desgracia, a menudo tratamos a Dios de la misma manera. Queremos que Él conteste nuestras peticiones de inmediato, en nuestro tiempo, y en nuestro horario. Si Él nos hace esperar, nos frustramos, y nos disgustamos. Abogamos con Él en nombre de nuestras necesidades inmediatas y luego fallamos en entender sus respuestas. Es como si oramos, pero por estar tan ocupados con nuestras agendas pasamos por la ventanilla de Dios y ni siquiera recogemos su respuesta.

¿Cuántas veces nos perdemos a Jesús en medio de nuestros días? Si tan sólo pudiéramos tomar tiempo para simplemente respirar y concentrarnos en él. El desarrollo de la comunicación de momento a momento con el Salvador inspira una vida, caminando y respirando con Jesús.

Debemos hacernos estas preguntas. ¿Qué les estamos enseñando a nuestros hijos y a nuestros nietos? ¿Acaso perdemos milagros que Dios tiene para nuestras familias y para nosotros mismos? ¿Acaso esta vida acelerada está desarrollando individuos egoístas en lugar de personas centradas en Dios? Abra su corazón a las respuestas de Dios a estas preguntas vitales.

RETO DE ORACIÓN

Por favor, vuelva a leer el versículo de hoy – Salmo 28:6-7. Antes de leer, sólo respire. Pídale al Espíritu Santo que abra su corazón a una verdad nueva. Sólo respire una vez más. Observe cuántas veces Dios dice, "voy a..."¿Qué está diciendo? Cierre los ojos y respire. Dios le ama. Dios lo ha llamado a la justicia. Dios está tomando su mano. ¡Dios le está guardando! Abra sus brazos al cielo y lentamente respire un suspiro de humildad al Padre que creó y extendió los cielos. Reconozca a Jesús en su vida cotidiana. Relájese por un momento y simplemente respírelo a Él. Como el oxígeno es para la sangre, así es el Espíritu Santo para su caminar espiritual.

MI SILLÓN DE ORACIÓN
DIARIO DEVOCIONAL

_____
_____
_____
_____
_____
_____
_____
_____
_____
_____
_____
_____
_____
_____
_____
_____
_____
_____
_____
_____
_____
_____
_____
_____
_____
_____

EJERCITE SU VIDA DE ORACIÓN

Pidan, y se les dará; busquen, y encontrarán; llamen, y se les abrirá. Porque todo el que pide, recibe; el que busca, encuentra; y al que llama, se le abre.

—Mateo 7:7-8

¿Ha tomado tiempo para orar el día de hoy? ¿Se despertó con pensamientos de Jesús en su corazón, mente y alma? Él espera todas las mañanas que nuestros primeros pensamientos estén puestos en Él, alabándolo

98

por quien es Él, por lo que ha hecho, por la forma en que Él hace todas las cosas para su gloria.

A menudo, cuando se activa la alarma, golpeamos el botón de repetición de despertador un par de veces. Con frecuencia esto conduce al síndrome de *Tarde Otra Vez*. Salimos volando de la cama y nos apresuramos a ejecutar las actividades de la mañana. Al mismo tiempo, Jesús está en el segundo plano de nuestra mente. Él nunca se impone, pero Él desea que sus hijos lo busquen, lean su Palabra, canten salmos en su nombre, e invoquen el nombre del Señor en todas las cosas.

¿De qué manera el ejercicio regular beneficia a nuestra capacidad de respirar? Cuando hacemos ejercicio con regularidad, nuestra capacidad en los pulmones aumenta, lo que permite que un mayor volumen de aire pueda entrar en nuestros pulmones. Los entrenamientos de alta intensidad requieren respiración profunda, que a su vez hace que los pulmones puedan aumentar la toma de aire.

Esto es beneficioso para todos, porque un aumento de la capacidad pulmonar no sólo mejora nuestra resistencia, pero es bueno para nuestra salud en general. Una capacidad pulmonar más grande y un mayor nivel de oxígeno circulando en la sangre ayudan a nuestro cuerpo. Un mejor flujo de sangre ayuda en la limpieza de las venas y arterias. ¡Qué increíble…el aumento de la capacidad pulmonar = aumento de respiración de oxígeno = aumento del flujo sanguíneo = limpieza de la sangre y las venas!

¿Cómo es que el ejercicio espiritual beneficia nuestra respiración espiritual? A estas alturas del libro ya sabe que me encanta usar las lecciones de la vida real como una manera de enseñar verdades espirituales. Así que aquí le va otra. Mientras estamos vivos, respiramos el aire, y sabemos que hay maneras de mejorar nuestra capacidad respiratoria. Podemos hacer lo mismo con nuestra respiración espiritual. Cuanto más tiempo pasamos con Jesús, más aumenta nuestra convivencia con el Espíritu Santo.

Al momento en que llegamos a ser vivos en Cristo, el Espíritu Santo vive dentro de nosotros para siempre. Y cuando deseamos vivir una vida entregada a Jesús hay que caminar en el Espíritu y no en la carne – y de esta manera aumentamos nuestra capacidad pulmonar espiritual. Cuanto más profundo es que respiramos en el Espíritu Santo, más le permitimos que fluya a través de nosotros. Él limpia nuestra vida de impurezas. Al respirarlo, experimentamos el cumplimiento de su presencia. Él nos da el anhelo de ejercer una vida de oración con Él, de mantenernos en forma a través del estudio de la Biblia, y de resolver nuestros problemas cotidianos por medio de Él.

¡Un aumento del tiempo con Jesús = mayor comprensión espiritual = aumento del flujo del Espíritu Santo = limpieza espiritual!

RETO DE ORACIÓN

Busque a Jesús por primera vez en la mañana antes de que su cabeza deje la almohada. Esté en comunión con Él en el amanecer de su día. ¿Necesita un recordatorio? Pídale al Espíritu Santo para que le dé un empujón de energía para buscar al Señor como la primera actividad de cada mañana. Después observe cómo se desarrolla su día. ¡Es muy emocionante y divertido tener una relación personal con Jesús – Rey de reyes, Señor de señores, el Salvador del mundo!

MI SILLÓN DE ORACIÓN

DIARIO DEVOCIONAL

_____
_____
_____
_____
_____
_____
_____
_____
_____
_____
_____
_____
_____
_____
_____
_____
_____
_____
_____
_____
_____
_____
_____
_____

En Armonía

Así que, para orar bien, manténganse sobrios y con la mente despejada. Sobre todo, ámense los unos a los otros profundamente, porque el amor cubre multitud de pecados.

—1 Pedro 4:7-8

¿En el silencio de su corazón puede usted escuchar la orquesta y la riqueza de sonidos mezclados en sintonía? Una sinfonía tiene la capacidad de tranquilizar a un bebé que llora o traer la calma en medio de una tormenta. Muchas veces cuando se toca un instrumento solo, este suena desafinado. Pero cuando se tocan instrumentos juntos crean una bella armonía, cada instrumento musical complementando al otro. La música inspira, calma, e incluso cautiva el alma.

1 Pedro 3:8 dice: *Vivan en armonía los unos con los otros.* La palabra armonía en el griego significa una mente, una pasión. Esta palabra es en realidad una combinación de dos palabras que da la idea de correr juntos al unísono. Al igual que con la música... una serie de notas que se tocan al mismo tiempo son diferentes, pero armonizan en tonos y capturan al público desde la primera nota.

Esta es una imagen del cuerpo de Cristo cuando es de un mismo sentir. Como instrumentos dirigidos por un famoso maestro concertista. El Espíritu Santo mezcla las oraciones de los santos. Dios desea que sus hijos oren juntos y concierten hermosa música a través de sus oraciones.

Me encanta que 1 Pedro 3:12 dice: *Porque los ojos del Señor están sobre los justos, y sus oídos atentos a sus oraciones.* Como líder de la primera iglesia en Hechos, Pedro entendió la importancia de unir a la gente para elevar alabanzas y peticiones al Señor. Debemos vivir este ejemplo en nuestras propias vidas.

¿Por qué practicamos la oración colectiva como último recurso? Una y otra vez, la palabra de Dios nos da ejemplos de creyentes que se reúnen para orar, y Dios da respuesta a esas oraciones. ¡Dios nos llama a orar! Esto es emocionante. Dios nos da la oportunidad de participar en la eternidad con Él, a través de la oración.

Al final de una de mis conferencias, una mujer esperó a que la mayoría de las mujeres abandonaran el lugar. Con los hombros caídos y en voz baja me preguntó si podía hablar conmigo durante unos minutos. Le dije: "¡Por supuesto!" En nuestra conversación, abrió el armario oscuro de su alma, un lugar que había escondido durante años. Tomando sus manos le pregunté si podía orar con ella. Con lágrimas ella estuvo de acuerdo. La armonía de esa oración que hicimos juntas aún la escucho en mi corazón.

Unas semanas más tarde, recibí un correo electrónico de ella. Ella explicó cómo al compartir su secreto obscuro se le abrió la puerta a la libertad. Ella permitió que ese rincón oscuro de su vida la mantuviera cautiva durante años. Luego dijo que mientras oraba con ella, "literalmente, sentí que la zona oscura se llenaba de la Luz – Jesús. La oración derribó la puerta del calabozo de la desesperación, dándome libertad."

Gloria a Dios por la bendición de la oración colectiva. ¡Así que oremos juntos! No se pierda la bendición de acercarse más a Dios y a otros creyentes mientras producen hermosas melodías de oración juntos.

RETO DE ORACIÓN
Por favor, lea 1 Pedro 3:8-12 y 1 Pedro 4:1-12. Pídale al Señor que le lleve con un grupo de creyentes con los cuales usted pueda orar con regularidad. Si usted tiene miedo de tomar este reto pídale a Dios que le de valentía. Cuando usted necesita oración por una

situación, pídale que lo dirija a uno o más guerreros de oración. ¡Oh, la armonía de los santos unidos bendice el alma!

MI SILLÓN DE ORACIÓN
DIARIO DEVOCIONAL

_____
_____
_____
_____
_____
_____
_____
_____
_____
_____
_____
_____
_____
_____
_____
_____
_____
_____
_____
_____
_____
_____
_____

Llamada de Despertador

Oren en el Espíritu en todo momento, con peticiones y ruegos. Manténganse alerta y perseveren en oración por todos los santos.

—Efesios 6:18

Es media noche y el teléfono no suena. La oscuridad llena la habitación. Los niños se encuentran dormidos en sus camas. Todo está tranquilo. Pero, ¿por qué estoy despierta?

Me siento frustrada y exhausta. Tengo que apagar mis pensamientos. Pero mi mente sigue reproduciendo las conversaciones y los acontecimientos del día, así como las cosas que tengo que hacer mañana.

¿Por qué estoy despierta? "Vamos, tienes que dormir," me digo. Sé que mis días ocupados requieren de mucha energía. Empiezo a enfurecerme porque sé que no podré sobrevivir el día con sólo unas pocas horas de sueño.

¿Por qué estoy despierta? De repente, un pensamiento destella a través de mi mente "¿Acaso me está dando el Espíritu Santo una llamada de despertador para orar?" En un momento las circunstancias de una amiga se proyectan en mi mente. Al mismo tiempo recuerdo Efesios 6:18, *Oren en el Espíritu en todo momento, con peticiones y ruegos.* Con esto en mente, y una llamada a estar alerta y perseverar en oración por todos los santos mis oraciones comienzan. Este momento de ternura con el Espíritu Santo cambia mi vida para siempre. ¿Por qué? Porque esta experiencia me enseñó a estar alerta y preparada para estar en la brecha por otros en cualquier momento. ¡Ay, la intimidad de una relación personal con Jesús continúa motivándome a orar de rodillas!

Dios nos da otras llamadas espirituales para despertar. Una y otra vez en el Antiguo Testamento Él advirtió a los israelitas de la destrucción que les vendría si ellos no cambiaban su corazón y se arrepentían. Muchas veces Dios usa profetas para proclamar su mensaje. Por ejemplo, en Jeremías 1:5 Dios viene a Jeremías y le dice: *Antes de formarte en el vientre, ya te había elegido; antes de que nacieras, ya te había apartado; te había nombrado profeta para las naciones*. Dios llamó a Jeremías para ser su voz de advertencia a los israelitas acerca del juicio de Dios sobre su pueblo y la destrucción venidera de la tierra. Una y otra vez Jeremías advirtió a los israelitas que se arrepintieran y regresaran de sus malos caminos.

Vemos las advertencias de Dios a nuestro alrededor. Se dirigen a nosotros personalmente y también a nuestra nación. La decadencia moral en nuestras naciones continúa difundiéndose. Dios está enviando sus llamadas para despertarnos a todos. Debemos orar por nuestras naciones para que vuelvan a confiar profundamente en Jesús.

RETO DE ORACIÓN

La próxima vez que usted se despierte a media noche, pídale al Espíritu Santo para que le ponga en su corazón a una persona o una situación y ore en ese momento. ¡Usted puede ser la única persona que Dios llama a estar en la brecha para orar! Y esta oración podría también ser el remedio que usted necesita para volver a dormirse. Las bendiciones fluyen.

MI SILLÓN DE ORACIÓN
DIARIO DEVOCIONAL

_____

_____

_____

_____

_____

_____

_____

_____

_____

_____

_____

_____

_____

_____

_____

_____

_____

_____

_____

_____

_____

_____

_____

PROHIBIDO...

Vivan por el Espíritu, y no seguirán los deseos de la naturaleza pecaminosa. Porque ésta desea lo que es contrario al Espíritu, y el Espíritu desea lo que es contrario a ella. Los dos se oponen entre sí, de modo que ustedes no pueden hacer lo que quieren.

—Gálatas 5:16-17

¡Prohibido entrar!... ¡No molestar!... ¡Manténgase fuera! ¿Qué hay en la naturaleza humana? ¿Por qué queremos hacer las cosas que no debemos? La batalla entre el bien y el mal atormenta constantemente nuestras mentes.

Considere esta situación hipotética. Llega tarde a una entrevista de trabajo. Al llegar al estacionamiento, observa un espacio abierto justo en frente de la entrada del edificio. Un suspiro de alivio se apodera de su mente. Cuando se estaciona, observa la franja de hermoso césped entre usted y la entrada. Sus ojos se enfocan en un gran cartel, que dice ¡PROHIBIDO PISAR EL CESPED!

Es tiempo de decidir. Si usted sigue la acera, tiene que caminar toda la orilla del césped inmaculado. Usted mira a su alrededor, no ve a nadie, y se dice a sí mismo: "Qué bueno." Justificando su decisión, usted atraviesa el césped de puntillas donde está prohibido pisar. Aliviado, sonríe y entra al edificio. Durante la cita el entrevistador menciona casualmente que lo vio al salir de su auto. En una fracción de segundo su cara dice: "¡Soy culpable de los cargos!"

¿Recuerda a Adán y Eva en Génesis 3? Dios les ofreció la libertad de comer de todo árbol del huerto, excepto uno... el Árbol del Conocimiento del Bien y del Mal (Gen. 2:17). Dios puso un rótulo imaginario en este árbol que decía PROHIBIDO COMER LA FRUTA. Bueno, sabemos que Adán y Eva cedieron a la tentación de Satanás. Cuando comieron del árbol de inmediato el pecado entró en el mundo. ¡Si tan sólo hubieran hecho caso a la advertencia!

¿Acaso somos diferentes a Adán y Eva? Por ejemplo, a un niño se le dice una y otra vez de no tocar una estufa caliente, pero él desafía la orden y lo hace de todos modos. El dolor le recuerda la próxima vez que debe escuchar la voz de alerta. Vivir con el Espíritu nos da la fuerza para rechazar el deseo de complacer a la carne.

¡La oración es la clave para vivir en el Espíritu y no en la carne! La oración nos mantiene en continua comunicación con Jesús y más consciente de la dirección del Espíritu Santo en nuestra vida cotidiana.

RETO DE ORACIÓN

¿Está Dios poniendo algunas señales de alerta ante usted? ¿Cómo quiere Él que usted responda? ¿Cuáles son algunas cosas que usted puede hacer para obedecer los letreros de "Prohibido Pisar" y "Prohibido Entrar"? Lea Gálatas 5:16-26. Recuerde, Dios sabe lo que es mejor para nosotros, pero Él no nos obliga a obedecer. La obediencia es una elección. No puedo evitar preguntarme si Dios sonríe, aplaude y grita: "¡Sí!" cuando prestamos atención a sus señales de advertencia. ¡La obediencia es una opción que vale la pena tomar!

MI SILLÓN DE ORACIÓN
DIARIO DEVOCIONAL

_____
_____
_____
_____
_____
_____
_____
_____
_____
_____
_____
_____
_____
_____
_____
_____
_____
_____
_____
_____
_____
_____
_____
_____
_____
_____
_____
_____

QUEHACERES
INTERMINABLES

En conclusión, ya sea que coman o beban o hagan cualquier otra cosa, háganlo todo para la gloria de Dios.

—1 Corintios 10:31

Lavar la ropa de la familia... la tarea de casa que nunca termina. Conforme los niños crecen, los montones de ropa sucia crecen exponencialmente. Estos montículos representan ropa de diario, ropa de entrenamiento deportivo, múltiples calcetines individuales, toallas, ropa de los amigos que de alguna manera terminan en la cesta de ropa, y más. En el momento en que la ropa se lava, se seca, se dobla, y se pone en su lugar, otro montón aparece dentro de la cesta. En verdad, a veces quiero tirar la toalla cuando se trata de este trabajo.

El misterio del "Calcetín sin Par" ataca todos los hogares. No he conocido a nadie que no ha tratado de resolverlo. En algún lugar entre el canasto de ropa sucia, la lavadora y la secadora, los calcetines simplemente desaparecen. Mis hijos decidieron que si los colores de calcetines son parecidos ellos los usan.

Hace años leí un libro que me desafío a cambiar mis tareas diarias de mamá en oraciones diarias de mamá. Como resultado de ello, empecé a orar por mis hijos mientras les limpiaba la nariz, cambiaba sus pañales, iba al baño, preparada comidas, llenaba botellas, lavaba sus manitas, y más. Por ejemplo, en lugar de centrarme en la ropa sucia que había que lavar, comencé a orar por el niño que llevaba la ropa. Este cambio de corazón y de actitud produjo una emoción fresca para llevar a cabo todas las tareas diarias de mamá.

¿Cómo podemos perseverar a través de nuestra rutina diaria? ¿Qué podemos hacer para que cada momento cuente para el Reino de Dios? Incluso la saga de lavandería sin fin es una oportunidad para acercarse a Jesús. ¿Cómo? Al poner 1 Corintios 10:31 en acción, "...

ya sea que coman o beban o hagan cualquier otra cosa, háganlo todo para la gloria de Dios."

RETO DE ORACIÓN

¡Convierta sus quehaceres diarios en oraciones! Comience con el montón de lavandería que parece nunca acabar. Al doblar cada pieza de ropa, ore para que la paz de Dios pueda llenar el corazón de la persona que lo lleva. Diviértase al hacer todo para la gloria del Señor.

MI SILLÓN DE ORACIÓN
DIARIO DEVOCIONAL

_____
_____
_____
_____
_____
_____
_____
_____
_____
_____
_____
_____
_____
_____
_____
_____
_____
_____
_____
_____
_____
_____
_____
_____
_____

HISTORIA DE AMOR

Me deleito mucho en el Señor; me regocijo en mi Dios. Porque él me vistió con ropas de salvación y me cubrió con el manto de la justicia. Soy semejante a un novio que luce su diadema, o una novia adornada con sus joyas.

—Isaías 61:10

La anticipación se intensifica. Los invitados se levantan en silencio. Todas las miradas se centran intensamente en las puertas de la capilla. Gotas de sudor aparecen en la frente de mi hijo. Sus latidos se intensifican con cada segundo que pasa. Mirándome, él me da un rápido guiñado de amor. Segundos después mi esposo que lleva casado conmigo veintiocho años agarra mi mano. Su toque suave calma mis nervios crecientes.

Los recuerdos de la vida de mi hijo inundan mi mente. Estas memorias de años atrás parecen como si fueran de ayer. Durante veintiséis años he orado por este preciso momento. En lo profundo de mi corazón una alabanza se enciende, "¡Gracias, Dios! Ella es la novia que has elegido para nuestro hijo. Ambos te aman con todo su corazón, mente, alma y fuerza. Su pureza es una imagen de tu diseño del matrimonio. Bendice esta alianza del matrimonio, esta unión entre Tú y tus hijos." Lágrimas de alegría se deslizan por mis mejillas. La alegría me cautiva como nunca antes.

La música llena el santuario. Los corazones ansiosos anticipan la entrada de la novia. Las miradas de los invitados oscilan de adelante hacia atrás entre el novio en la parte frontal de la capilla y las puertas en la parte posterior. La canción comienza su crescendo. Las puertas se abren lentamente y allí, delante del novio, esta su novia.

Miro rápidamente de nuevo a mi hijo. Para mi asombro, atrapo un reflejo de la imagen de Jesús como el novio en la espera de su esposa, la iglesia. La mirada de anticipación de mi hijo me recuerda el regreso de Cristo y de su amor por la iglesia. Una imagen grabada en mi corazón para siempre. Un corazón agradecido conecta mi alma con Dios.

Cada paso de la novia reduce la distancia entre ella y su amado. Por un breve momento, las lágrimas distorsionan la visión de mi hijo. Su latido del corazón toca una canción de amor para ella solamente. El padre de la novia pone la mano de su hija en la palma de mi hijo. Un sentimiento inmediato de alegría embarga los espectadores. El amor de Dios envuelve a la pareja. Sus bendiciones se derraman en medio de este pacto ordenado por Él.

En medio de estos momentos recuerdo Cantar de los Cantares 1:15, *¡Cuán bella eres, amada mía! ¡Cuán bella eres! ¡Tus ojos son dos palomas!* Siento el amor de mi hijo, su deseo y su compromiso ante su novia pura, inocente y hermosa. Me cautiva la historia de amor de Dios que esto representa. Tengo la sensación de que Jesús proclama a los invitados: ¡He aquí que tú eres hermosa, mi amor! He aquí que tú eres hermosa..." Mi corazón late, y una vez más las lágrimas brotan.

Por último, un beso sella el pacto, y el pastor presenta al señor y la señora Lucas McDougal. Caminando tomados de la mano por el pasillo, la alegría de la pareja luce radiante. Una lluvia de bendiciones cae del cielo. La historia de amor de Dios luce sobre todos los que fueron testigos de este compromiso entre un hombre de Dios, su novia, y Dios – Padre, Hijo y Espíritu Santo.

RETO DE ORACIÓN
Comience a orar para para que Dios una a sus hijos o nietos con su cónyuge elegido. Yo comencé a orar por

sus conyugues mientras mis hijos estaban todavía en mi vientre. Le pedí a Dios que escogiera alguien especial para ellos y que los preparara el uno para el otro. Como padres, nuestra meta es enseñar a nuestros hijos a amar a Jesús con todo el corazón, alma, mente y fuerza. Ore para que elijan una compañera (o compañero para sus hijas) que tenga una pasión y amor por Jesús. ¡Es hermoso ver a Dios uniendo sus vidas como pareja!

MI SILLÓN DE ORACIÓN
DIARIO DEVOCIONAL

_____
_____
_____
_____
_____
_____
_____
_____
_____
_____
_____
_____
_____
_____
_____
_____
_____
_____
_____
_____
_____
_____
_____

El Nuevo Estado Normal

Puso en mis labios un cántico nuevo, un himno de alabanza a nuestro Dios. Al ver esto, muchos tuvieron miedo y pusieron su confianza en el Señor.

—Salmos 40:3

El miedo a lo desconocido roba mi alegría. Mis pensamientos fuera de control se asemejan a los fuegos artificiales en las fiestas de independencia. Despertando de un sueño intranquilo, me pregunto qué se me presentará en esta próxima temporada. Antes de que mis ojos vean la luz de la aurora, una oración comienza...

"Señor, esta es mi nueva normalidad. No quiero perder ni un momento de lo que tú has planeado. Gracias por las bendiciones de la crianza de nuestros hijos contigo. A medida que ellos se embarcan en sus nuevas vidas, protégelos y atráelos hacia ti. Ayúdales a amarte con todo su corazón, alma, mente y fuerza. Que todos podamos abrazar esta nueva normalidad con entusiasmo y expectativa a medida de que tus planes se revelan. Amén"

El silencio llena cada habitación. La ausencia de ruido crea un momento de tranquilidad dulce con Jesús. Corrientes de peticiones brotan desde el fondo de mi alma. Esta dulce comunión deposita una confianza más profunda en Él. El abrazar esta nueva normalidad crea un río de esperanza. En un instante, brota un toque de alegría.

El miedo siempre latente a lo desconocido perdura todo el día. Mi línea directa de oración al Padre activa mi corazón rendido. De nuevo grito... "¡Oh Señor, por favor ayúdame a adaptarme a este nuevo estado normal!"

A medida que el día se desvanece, se enciende un pensamiento. Una música de jazz suave prepara el escenario, transformando la sala en un salón de baile romántico. Viendo a mi marido, le pregunto si vamos a bailar. Sin decir palabra, se levanta de un salto y me atrae hacia él. Su abrazo cautiva mi corazón como nunca antes. De repente, escucho estas palabras – Tu eres suya y él es tuyo. ¡Tienen la oportunidad de pasar el resto de su vida juntos! Este es el comienzo de su nuevo estado normal. Las lágrimas me brotan. Y mi corazón se acelera. ¡La alegría se desborda!

Mi oración contestada venía envuelta en el regalo de un baile con mi esposo. Doy gracias a mi Padre Celestial por esta nueva normalidad. Lo alabo por responder a mis oraciones y por mostrarme una perspectiva nueva.

RETO DE ORACIÓN

Si usted está en el horizonte de un nuevo estado de normalidad, pídale al Señor que le muestre una visión de su plan. No se pierda ningún minuto de esta nueva temporada. Sus propósitos sobrepasan nuestras expectativas. Y recuerde, el miedo a lo desconocido roba nuestra alegría y nos roba la paz. Disfrute el viaje de su nueva normalidad.

MI SILLÓN DE ORACIÓN
DIARIO DEVOCIONAL

_____

_____

_____

_____

_____

_____

_____

_____

_____

_____

_____

_____

_____

_____

_____

_____

_____

_____

_____

_____

_____

ESTRELLAS FUGACES

Cuando contemplo tus cielos, obra de tus dedos, la luna y las estrellas que allí fijaste, me pregunto: ¿Qué es el hombre, para que en él pienses? ¿Qué es el ser humano, para que lo tomes en cuenta?

—Salmos 8:3,4

¿Recuerda la primera vez que fue testigo de una estrella fugaz? ¿Estaba sorprendido, aturdido, entusiasmado, o confundido? Yo recuerdo estar acostada en la hierba cuando era niña, mi mirada perdida en el cielo de la noche a la espera de una estrella viajando a través de la galaxia. Parecía que entre más tiempo me quedaba mirando, más cerca parecía estar cada estrella. De vez en cuando, capturaba un vistazo de una luz transitando a través de la oscuridad. Me llenaba de emoción. El asombro me inundaba. Era un momento del esplendor de Dios grabado en mi corazón.

Juntos vamos a ver la Palabra de Dios. Medite en Habacuc 3:4, *Su brillantez es la del relámpago; rayos brotan de sus manos; ¡tras ellos se esconde su poder!* Por la mano de Dios los cimientos de la Tierra se formaron. Su mano extendió los cielos, y rayos destellaron de su mano, donde estaba escondido su poder. ¿Qué poder estaba escondido?

En Génesis 1: 26 *y dijo: "Hagamos al ser humano a nuestra imagen y semejanza."* Por esto sabemos que Jesús y el Espíritu Santo estaban con Dios en el momento de la creación. Luego, en Juan 8:12 Jesús dice: *Yo soy la luz del mundo. El que me sigue no andará en tinieblas, sino que tendrá la luz de la vida.* Piense conmigo por un minuto. ¿Podría ser que el poder que salió de la mano de Dios para ser la luz del mundo era Jesús? Imagine a Dios abriendo Su mano así para que Jesús sea liberado para pasar rápidamente a través del universo y Él mismo colocarlo en el seno de una joven llamada María. La Luz del Mundo se ocultó en la oscuridad del vientre hasta que Él vino a este mundo como un bebé. En ese momento, una estrella apareció en el cielo del este como una señal sobre la llegada del Mesías tan esperado. ¡Reconozca la parte activa de Dios en su vida hoy y permita que Él sea la Luz de su vida!

Esto me recuerda a nuestra vida espiritual. Cuanto más nos centramos en el Señor, más sentimos su presencia en nuestras vidas. ¿Cuántas veces nos perdemos el espectáculo de luces en la noche porque estamos demasiado ocupados para observar hacia arriba? Cuando nos centramos en las cosas de este mundo nos olvidamos de la tierna mano, gracia y misericordia de Dios.

RETO DE ORACIÓN

La oración es la clave para mantenerse enfocado en Jesús, para que no se pierda un momento de su presencia en su vida. Lea el Salmo 8:3-4, *Cuando contemplo tus cielos, obra de tus dedos, la luna y las estrellas que allí fijaste, me pregunto: ¿Qué es el hombre, para que en él pienses? ¿Qué es el ser humano, para que lo tomes en cuenta?* Escriba este verso en un papel o en una tarjeta. Póngalo en un lugar estratégico como un recordatorio de su mano en su vida cotidiana. Jesús le ama tanto, y Él desea una relación diaria con usted. Nunca olvide que Él es la Brillante Estrella de la Mañana. (Apocalipsis 22:16)

MI SILLÓN DE ORACIÓN
DIARIO DEVOCIONAL

_____
_____
_____
_____
_____
_____
_____
_____
_____
_____
_____
_____
_____
_____
_____
_____
_____
_____
_____
_____
_____
_____

DESVIACIONES

Marta, por su parte, se sentía abrumada porque tenía mucho que hacer. Así que se acercó a él y le dijo: – Señor, ¿no te importa que mi hermana me haya dejado sirviendo sola? ¡Dile que me ayude!

—Lucas 10:40

En medio del tráfico en la hora pico me di cuenta de que un mosquito zumbaba alrededor de mi cabeza. Ya frustrada de un día agitado, hice un alto abrupto en un semáforo en rojo. ¡Sí, esta era mi oportunidad para exterminar esta plaga!

De repente, el insecto comenzó a usar mi cabeza para prácticas de tiro. Él incrementaba su velocidad y volaba justo en mi oído. Así que, empecé a agitar las manos en el aire tratando de aplastar el bicho. No tuve suerte. Entonces traté otro golpe cerca de mi oído, pero aún no tuve éxito. Por último, lo veo zumbando justo en frente de mi cara. Este es mi momento de victoria. Estaba segura. Con seria determinación, lo aplasto con mis manos y declaro la victoria. Agito mi puño en el aire y grito: "¡Sí, te agarré!"

Entonces sucedió…miré al auto a mi lado y me di cuenta de una extraña expresión en el rostro de la mujer manejando. En corto tiempo su expresión facial cambió de una mirada confundida a la risa.

Avergonzada, sonreí y la salude antes de girar la cabeza. Una sonrisa aun me sale de tan sólo de pensar en el incidente. Antes de ese momento de batalla con el mosquito mi actitud fue negativa y de mal humor. Pero este desvío abrió la puerta para una perspectiva diferente de mi día.

Al seguir conduciendo, me surgió este pensamiento. Tal vez, de alguna manera, esta experiencia trajo una sonrisa a esa persona y cualquier otra persona que observó mis acciones. De hecho, comencé a orar para que Dios usara mi situación para llevar alegría a la conductora. Puede sonar gracioso orar por algo tan trivial, pero creo que Dios usa las experiencias de vida para recordarnos que debemos mantenernos enfocados en Él, no importa cuál sea la situación.

RETO DE ORACIÓN

Busque las desviaciones que el Señor utiliza para traer una sonrisa a su cara. Pídale que le recuerde que debe concentrarse en Él, y que debe mantener las cosas en perspectiva. Al experimentar un mal día, fíjese en cómo Dios provee maneras de convertir el enfoque en la situación a una oportunidad de buscarlo a Él a través de alguna situación.

Por otro lado, es posible que Dios lo use para ayudar a otra persona a salvar su día. Por ejemplo, digamos que usted está comprando en un supermercado. El cajero tiene una mirada amarga en su cara mientras escanea sus alimentos. Usted se enfrenta a una elección... puede responder con una actitud desagradable, o puede orar por él, sonreír, y darle una palabra positiva de aliento. Usted puede ser la desviación que Dios use para mover a ese cajero de centrarse en sí mismo a pensar en Jesús.

MI SILLÓN DE ORACIÓN
DIARIO DEVOCIONAL

_____
_____
_____
_____
_____
_____
_____
_____
_____
_____
_____
_____
_____
_____
_____
_____
_____
_____
_____
_____
_____
_____
_____

CONGESTIÓN
ESPIRITUAL

Dichoso aquel a quien se le perdonan sus transgresiones, a quien se le borran sus pecados. Dichoso aquel a quien el Señor no toma en cuenta su maldad y en cuyo espíritu no hay engaño.

—Salmos 32:1,2

El sufrimiento por un resfriado común trae dolores de cabeza, noches sin dormir, y la frustración física en general. Las fosas nasales congestionadas hacen que sea difícil respirar, y un efecto secundario es la posibilidad de perder su sentido del olfato. ¿Puede identificarse con esta condición temporal, pero frustrante?

Una tarde estaba sola en casa sufriendo de un resfriado. Dejé que nuestro perro entrara al interior para que me hiciera compañía. Unas horas más tarde, mis hijos entraron en la casa y de inmediato comenzaron a gritar: "Mamá, ¿qué es ese horrible olor? ¡Huele a zorrillo!" Para mi consternación, nuestro perro guardián acabada de luchar con un zorrillo en el patio trasero. ¡Adivine quién ganó la pelea! A causa de mi resfriado, no podía detectar el olor. Me pregunté por qué mi perro estaba frotando su cuerpo por todas partes en la alfombra de la casa. Pero sólo pensé que necesitaba rascarse la espalda. No hace falta decir que el olor permaneció por muchos días.

Dios creó a los seres humanos con la asombrosa capacidad de detectar miles de olores. Este sentido del olfato automático, llamado el sistema del olfato, se activa constantemente en nuestros cuerpos. Debido a este alto nivel de sensibilidad, somos capaces de distinguir entre los olores que nos atraen a la fuente del olor, así como los olores que nos hacen huir.

En los tiempos bíblicos, se utilizaron los perfumes dulces y olores para reflejar triunfos y victorias. También había fragancias que representaban la muerte. Note lo que 2 Corintios 2:14 dice: *Sin embargo, gracias a Dios que en Cristo siempre nos lleva triunfantes y, por medio de nosotros, esparce por todas partes la fragancia de su conocimiento.* Pablo usó la procesión triunfal romana como una ilustración para alabar a Dios. En una procesión de victoria, los sacerdotes seguían al general romano con vasos llenos de incienso. Esto presentaba a los espectadores con un olor de la victoria sobre el enemigo.

Pablo, por supuesto, presenta a Dios como el general conquistador que va al frente del desfile de la victoria. Él y los otros que predicaban acerca de Jesús liberaban la fragancia dulce de la victoria en Cristo. El nombre de Jesús en griego significa el ungido, la salvación, el Mesías. En otras palabras, la unción es un aroma dulce que penetra todo y a todos. Cuando Jesús mora en los creyentes, Su fragancia se filtra fuera de nosotros y cautiva a los que nos rodean.

RETO DE ORACIÓN

¿Usted ve una correlación entre la congestión física y la congestión espiritual? Cuando permitimos que el pecado invada nuestras vidas, es parecido a nuestro cuerpo afectado por un resfriado. En cualquiera de los dos casos, es difícil respirar con claridad. Confesar el pecado es como tomar un descongestionante. Alivia los síntomas que el pecado tiene en nuestras vidas. ¡Hoy tome tiempo para confesar al Señor cualquier área de pecado, para que pueda inhalar el aroma dulce de Jesús! Lea todo el Salmo 32, que habla del gozo del perdón.

MI SILLÓN DE ORACIÓN

DIARIO DEVOCIONAL

_____
_____
_____
_____
_____
_____
_____
_____
_____
_____
_____
_____
_____
_____
_____
_____
_____
_____
_____
_____
_____
_____
_____
_____

INDIGESTIÓN ESPIRITUAL

En ese momento los discípulos se acercaron a Jesús y le preguntaron: – ¿Quién es el más importante en el reino de los cielos? Él llamó a un niño y lo puso en medio de ellos. Entonces dijo: – Les aseguro que a menos que ustedes cambien y se vuelvan como niños, no entrarán en el reino de los cielos. Por tanto, el que se humilla como este niño será el más grande en el reino de los cielos. Y el que recibe en mi nombre a un niño como éste, me recibe a mí.

—Mateo 18:1-5

Para entender la indigestión espiritual, debe leer primero Congestión Espiritual. Por favor, eche un vistazo a la cara dulce e inocente de nuestro perro – Javorski. Le encanta suavemente acariciar a sus bebés (animales de peluche) mientras duerme. Sé que brota un sentimiento tierno cuando usted observa la foto de este precioso, tranquilo y sumiso miembro de nuestra familia, ¿verdad? ¡Pues se equivoca!

Una noche nuestra familia decidió divertirse con un juego de mesa. Se requerían de cinco dólares por persona para una cuota de inscripción. Lucas, el organizador, puso el dinero en el suelo. Cuando el juego terminó, Carly fue la gran ganadora. Lucas se agachó para darle sus ganancias, pero el billete de veinte dólares (cuatro participantes) había desaparecido. Se realizaron búsquedas en todas partes – en el suelo, debajo de los muebles, en toda la habitación. Desconcertados, tratamos de acordarnos de todos nuestros pasos. Todo el tiempo, Javorski descansaba casualmente bajo la mesa. El misterio continuo hasta que Jake exclamó: "¡Creo que Javorski se comió el dinero!"

Pero todos clamaron, "¡De ninguna manera! Eso es una locura. ¡Javorski no comería un billete de veinte dólares!"

Entonces Jake sacó otro billete de su cartera y suavemente lo tiró en dirección a Javorski. De repente, como un pez picando en la carnada, Javorski tenía el dinero en su boca. Ahora, más palabras hicieron eco en voz alta a través de la casa. "Tienes que estar bromeando. ¡Javorski se comió el billete de veinte dólares! Él va a tener un problema digestivo."

Sí, nuestro canino consentido había ingerido las ganancias de Carly y ahora yacía debajo de la mesa jugando con sus peluches. Carly insistió que sus hermanos siguieran a Javorski a su lugar en el bosque y esperaran hasta que... bueno, probablemente ya puede adivinar el resto de su sugerencia.

Como Javorski, nuestros deseos egoístas a veces roban la gloria de los demás, así como la gloria que le pertenece a Dios. ¡Cuando servimos a Jesús, o cuando Él nos usa como sus vasos, tenemos que recordar de dar honor a quien honor merece – a Dios! Si no es así, podríamos experimentar indigestión espiritual. Confesar el pecado nos libera de esta condición incómoda. Obedecer la Palabra de Dios impide que esto suceda en el primer lugar. Amar a los demás más que a nosotros mismos en lugar del egoísmo, nos libera de la indigestión espiritual.

RETO DE ORACIÓN

Ahora mismo, piense en un área donde usted tiene que darle la gloria a Dios. Por ejemplo, ¿sus hijos están tomando buenas decisiones de vida que reflejan una vida santa? En lugar de alabar a Dios por lo que Él está haciendo en las vidas de ellos, tal vez se toma el crédito por la forma en que los crío.

Esta es la indigestión espiritual y puede afectar su vida entera. Dar a Dios la gloria le libera de una vida centrada en sí mismo. Comience a practicar esta verdad. Vea cómo Mateo 18:1-5 nos advierte que debemos venir a Jesús como niños. ¡No se trata de nosotros, todo se trata de Él!

MI SILLÓN DE ORACIÓN
DIARIO DEVOCIONAL

_____

_____

_____

_____

_____

_____

_____

_____

_____

_____

_____

_____

_____

_____

_____

_____

_____

_____

_____

_____

_____

_____

_____

El Miedo a lo Desconocido

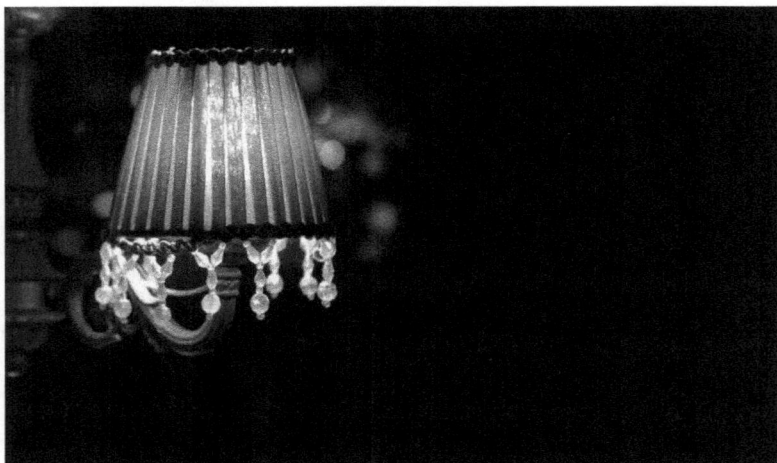

Así que no temas, porque yo estoy contigo; no te angusties, porque yo soy tu Dios. Te fortaleceré y te ayudaré; te sostendré con mi diestra victoriosa.

—Isaías 41:10

Solo en la oscuridad, un ruido extraño lo asusta. Inmediatamente el miedo invade su cuerpo. Como un rayo en una tormenta, el temor hace arrancar el sistema nervioso, poniéndolo en acción. ¿Le ha sucedido esto a usted? Vamos a poner la escena...

La oscuridad llena la habitación. Mientras se acurruca bajo las mantas, se siente relajado y cómodo. Pero su alegría se ve interrumpida por un sonido inusual y aterrador. Usted se mete profundamente bajo las frazadas como una tortuga en su caparazón. Su imaginación se vuelve loca al escuchar el ruido de nuevo. Esta vez no es tan intrusivo. Con las piernas temblando, da un salto al interruptor de la luz. La luz llena la habitación y un suspiro de alivio le invade. A medida que se dirige de puntillas a la ventana, oye la música de la película Misión Imposible en su cabeza. Usted deja escapar un suspiro aún más grande cuando se da cuenta que el misterioso ruido era sólo una rama raspando contra el vidrio de una ventana.

¿Por qué, cuando escuchamos los sonidos en la oscuridad, experimentamos miedo? ¿Por qué experimentamos inquietudes y pensamientos poco realistas? Estos sentimientos se aplican a la oscuridad espiritual también. El pecado crea zonas de oscuridad profunda en nuestras vidas, que crean miedo, culpa, ansiedad y desesperanza. Al igual que encender una luz desplaza la oscuridad, podemos desplazar la oscuridad espiritual al correr a la Luz – Jesús. ¡Crea y confié que Él está esperando que usted caiga en sus brazos de seguridad!

RETO DE ORACIÓN
Pónganse cómodo en su sillón de oración y memorice Isaías 41:10. Así que no temas, porque yo estoy contigo; no te angusties, porque yo soy tu Dios. Te fortaleceré y

te ayudaré; te sostendré con mi diestra victoriosa. Escríbalo y estratégicamente póngalo en algún lugar para recordarle constantemente de aquel que es nuestra ayuda y guía. La oración es la clave para ceder el miedo a lo desconocido. Pídele a Jesús que le ayude a reemplazar sus temores con confianza. ¡Confíe en Jesús en todo y con todo!

MI SILLÓN DE ORACIÓN
DIARIO DEVOCIONAL

_____
_____
_____
_____
_____
_____
_____
_____
_____
_____
_____
_____
_____
_____
_____
_____
_____
_____
_____
_____
_____
_____
_____
_____

PRIMERO LO PRIMERO

Pidan, y se les dará; busquen, y encontrarán; llamen, y se les abrirá. Porque todo el que pide, recibe; el que busca, encuentra; y al que llama, se le abre.

—Mateo 7:7-8

¿Tomó el tiempo para orar esta mañana? ¿Se despertó con Jesús en su corazón, mente y alma? Él está esperando todas las mañanas que nuestros primeros pensamientos sean para Él, que lo alabemos por quien Él es, lo que ha hecho, y cómo Él hace todas las cosas para su gloria.

Desde el principio, mis hijos me observaban pasar tiempo a solas con el Señor por las mañanas. Un día después de arbitrar un conflicto entre mis hijos, llegué al punto de explotar. Envié a los cuatro a diferentes partes de la casa con la esperanza de traer un poco de orden de nuevo a nuestro hogar. Desde una habitación Lucas, con ocho años de edad en ese momento, me hizo una pregunta que penetró en mi corazón. De hecho, todavía persiste en los archivos de mi mente. Él dijo: "Mamá, tengo que hacerte una pregunta importante. ¿Tuviste tu tiempo a solas con el Señor esta mañana?" ¡La pregunta dio en el blanco! Antes de que me levantara de la cama por la mañana, mi mente ya estaba girando a mil por hora calculando cómo llevaría a cabo las tareas del día. Ningún pensamiento de Jesús entró en mi corazón, alma, o mente. ¡Oh, lo qué podemos aprender de la boca de un niño!

RETO DE ORACIÓN

Búsquelo primero todas las mañanas antes de que su cabeza deje su almohada. ¿Necesita un recordatorio? Pídale al Espíritu Santo para que le dé un empujón. ¡Entréguele su día! Esté pendiente de cómo se revela a usted y cómo Él quiere usarle para sus propósitos en todo el día. ¡Además, recuerde que otros observan sus movimientos... especialmente sus hijos y nietos!

MI SILLÓN DE ORACIÓN
DIARIO DEVOCIONAL

_____
_____
_____
_____
_____
_____
_____
_____
_____
_____
_____
_____
_____
_____
_____
_____
_____
_____
_____
_____
_____
_____

LA RAÍZ AMARGA

Asegúrense de que nadie deje de alcanzar la gracia de Dios; de que ninguna raíz amarga brote y cause dificultades y corrompa a muchos.

—Hebreos 12:15

¿Qué entiende con la frase raíz amarga o la raíz de amargura? ¿Por qué usó el autor de hebreos estas palabras para advertir a los lectores que estuvieran en guardia? La mejor forma de entender este versículo es observar un ejemplo de la vida real. Imaginemos esta escena...

Desde el primer momento que usted puede recordar, tuvo un plan de vida, que incluía escuela, amigos, universidad, actividades extracurriculares, matrimonio, hijos, iglesia, ministerio, y más. La vida es buena. Su agradecimiento a Dios está constantemente en su boca. Es su anhelo y su gozo el servir a Jesús todos los días de su vida. Pero de repente, de la nada, usted queda sorprendida por un correo electrónico de una amiga de mucho tiempo, que le acusa de haberla tratado mal.

Al principio le causa tristeza al recordar el incidente. Las lágrimas le brotan, pero se ven frenadas por un resentimiento creciente. Conforme pasan los días, usted no puede olvidar el correo electrónico. Las palabras siguen fluyendo a través de su mente y su corazón como el agua hirviendo. Con el tiempo el dolor se convierte en odio. Su familia empieza a hacer preguntas como: "¿Por qué ahora nos grita mamá todo el tiempo? Mamá ya no se sonríe tanto como antes."

Bueno, creo que ahora es probable que entienda el escenario. Una herida se puede convertir en ira, que puede afectar todas las áreas de su vida. Esto es lo que sucede si no cortamos de inmediato una raíz amarga.

Vamos a examinar la planta de ajo. El ajo es una adición maravillosa a un jardín de hierbas. Su presencia protege contra los insectos nocivos. Pero por naturaleza, es una planta agresiva e invasiva. Un jardinero conoce bien que una planta de ajo trata de dominar todo el jardín. Se propaga mediante la producción de cabezas de semillas que caen al suelo y de donde brotan nuevas plantas. Sus raíces chupan los nutrientes del suelo, dejándolo, como la arcilla dura, que es de ninguna utilidad para las otras plantas a su alrededor. ¡Esta planta debe ser controlada!

Al igual que un jardinero controla la propagación de la planta del ajo, debemos permitir que el verdadero jardinero, Dios, tome control de las semillas y las raíces que crecen en nuestra vida espiritual. Debemos darle acceso para cortar, o arrancar las raíces amargas que desean apoderarse de nuestro corazón y robar nuestro gozo en el Señor.

RETO DE ORACIÓN

Pídale a Dios que le revele alguna raíz de amargura que esté chupando los nutrientes de su vida espiritual. Permita que el Señor sea su jardinero y que cultive su vida para Su gloria. La oración corta y destruye las raíces de la ira. Sea firme en sus oraciones. Busque a otros que puedan orar por usted sobre esta área de su vida. Además, cuando se le dé la oportunidad, ore por otros. Asegúrense de que nadie deje de alcanzar la gracia de Dios; de que ninguna raíz amarga brote y cause dificultades y corrompa a muchos. —*Hebreos 12:15*

MI SILLÓN DE ORACIÓN
DIARIO DEVOCIONAL

_____
_____
_____
_____
_____
_____
_____
_____
_____
_____
_____
_____
_____
_____
_____
_____
_____
_____
_____
_____
_____
_____
_____

El Dilema de la Puerta

No tengas nada que ver con discusiones necias y sin sentido, pues ya sabes que terminan en pleitos.

—2 Timoteo 2:23

Sus lágrimas fluyen. Su corazón palpita fuertemente. Su mente se acelera. Cerrando de golpe la puerta de su dormitorio envía una onda de emoción a través de su cuerpo. Desmoronándose en el suelo, ella se pregunta cuánto tiempo más puede soportar. El conflicto que invade su relación le consume cada pensamiento. Ella clama a Dios: "Señor, ¿por qué mamá es tan obstinada e irrazonable? ¡No puedo esperar hasta que tenga edad suficiente para salir de aquí!"

En el otro lado de la puerta, la mamá llora. Como una daga apuñalando su corazón, ella se pregunta, ¿qué salió mal? Nunca imaginó tener este tipo de batallas entre madre e hija.

Sus pensamientos se trasladan tiempo atrás hace dieciséis años, cuando la alegría de su vida entró en el mundo. Dulces recuerdos para siempre arraigados en lo más profundo de su corazón. Entra en su mente una memoria de estar cantando, "Cristo me ama" mientras balanceaba a su bebita – *Cristo me ama, me ama a mí, su palabra dice así, que los niños son de aquel, quien es nuestro amigo fiel*. Las lágrimas llenan su alma.

Oraciones pasadas se reproducen una y otra vez en su mente. Parece que fue ayer. Humildemente, ella grita: "Oh Señor, ¿qué nos está pasando? Necesitamos desesperadamente que repares nuestra relación que está hecha pedazos. Por favor, Dios..." Esta angustia supera el dolor del parto. En cámara lenta la madre levanta sus manos, entregando todo su dolor a Jesús.

Piense en ello. En ambos lados de la puerta hay dos mujeres – la madre y la hija. Las dos claman al mismo tiempo a Dios, rogándole que responda. Pero la raíz de las dos oraciones no coincide. Una oración proviene del egoísmo, y la otra de la decepción. ¿Cómo puede Dios manejar esto? ¿Cómo es que obra todo para su gloria? Su gracia y misericordia van más allá de nuestra comprensión.

Lea cuidadosamente Gálatas 5:16, *Vivan por el Espíritu, y no seguirán los deseos de la naturaleza pecaminosa.* Afortunadamente, Dios usó este verso a una edad temprana para impactar mi vida. Me di cuenta de que cuanto más permitimos egoísmo en nuestras vidas, más miseria experimentamos. El egoísmo engendra egoísmo. Con el tiempo esto conduce a la decepción, la tristeza y el dolor.

Enseñar a nuestros hijos tan pronto como sea posible a caminar por el Espíritu y no por la carne es vital. La naturaleza humana desea auto-gratificación. Una madre no tiene que enseñar a su hijo de dos años a decir "no" o "mío." Viene de forma natural. Pero, educarlo para que comparta un juguete requiere tiempo, disciplina y dirección. Compartiendo continuamente la Palabra de Dios con nuestros hijos abre la puerta para que entiendan el amor, la gracia y la misericordia de Dios.

Orar por nuestros hijos para que comprendan esta verdad es la clave. Estamos llamados como padres y abuelos a compartir las Escrituras con nuestros hijos y nietos. Debemos ser un ejemplo de cómo ponerlo en práctica en nuestras propias vidas. ¡Al igual que mi abuela y su sillón de oración!

La crianza de los hijos es el trabajo más difícil, pero más gratificante. No estoy segura de haber entendido esto hasta que lo experimenté en mi propia vida. Ahora, en mi temporada de "nido vacío" es que veo en el espejo retrovisor una imagen más clara. La relación padre-hijo refleja nuestra relación con Dios.

¿Cuántas veces he decepcionado a Dios a través de mis deseos egoístas? ¿Se alegra su corazón cuando le digo lo mucho que lo amo? ¿Sonríe cuando le invoco sólo para hablar? ¡Al pasar los años, anhelo más y más vivir, caminar, y respirar con Él cada momento de cada día!

RETO DE ORACIÓN

¿Ha experimentado el dolor dentro de las paredes de su casa? ¡El Señor tiene una respuesta! Lea 2 Timoteo 2:20-26. ¡Anímese! La Palabra de Dios tiene todas las respuestas. Busque a Jesús cada día en todo. Pídale reparar cualquier relación que necesite reparación. Humíllese delante del Señor y confiese su responsabilidad en la ruptura de la relación. Dele a Dios el acceso para hacer su milagro en cada situación y a través de cada situación.

MI SILLÓN DE ORACIÓN
DIARIO DEVOCIONAL

_____
_____
_____
_____
_____
_____
_____
_____
_____
_____
_____
_____
_____
_____
_____
_____
_____
_____
_____
_____
_____
_____
_____

CONECTANDO LOS PUNTOS

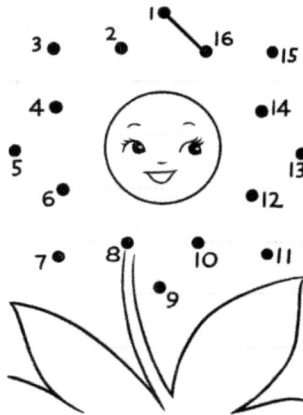

Pero mientras mantenían a Pedro en la cárcel, la iglesia oraba constante y fervientemente a Dios por él.

—Hechos 12:5

¿Se acuerda del juego "Conecta los Puntos"? ¡Me encanta ese juego! Es divertido mirar fijamente a los puntos y tratar de determinar su figura final. Eso me recuerda de cómo es vivir cada día para Jesús. Juntos vamos a jugar el juego "Conecta los Puntos." Lea

Hechos 12:5-18. Aquí están los puntos destacados de las conexiones de Dios...

PEDRO LIBERADO DE PRISION

- Pedro fue encarcelado.
- La Iglesia estaba constantemente orando por su liberación.
- Fue encadenado y custodiado por cuatro soldados.
- Se establecieron planes para la ejecución de Pedro.
- Sin embargo, la ley no permitía tener un juicio o sentencia durante la Fiesta de los Panes sin Levadura. El tiempo perfecto de Dios comenzó a desarrollarse.
- Pedro dormía. Él no estaba preocupado, enojado, frustrado, o culpando a Dios. Sólo estaba descansando.
- ¡Bum! Un ángel se le apareció, y toco a Pedro en el costado.
- Las cadenas de Pedro cayeron. Él obedeció y siguió al ángel fuera de las puertas de la cárcel.
- Después de que el ángel se fue, Pedro se dio cuenta de que Dios lo había liberado de la cárcel.
- Inmediatamente Dios dirigió a Pedro que fuera a la casa de María.
- La iglesia estaba reunida en la casa de María, orando por la liberación de Pedro.
- Llamó a la puerta de la calle. Tocó la puerta y lo golpeó hasta que alguien respondió.

- Los Guerreros de Oración no lo podían creer – quedaron pasmados.
- En el umbral apareció la realidad de sus oraciones contestadas... ¡Pedro!

Pedro no tenía ninguna pista sobre el plan de Dios. Él simplemente confió. ¡En medio de los guerreros de oración, Dios respondió! Trazando los puntos hacia atrás vemos cómo cada uno estaba conectado con un plan y propósito de Dios. Piense por un minuto... ¿Cómo afectó el encarcelamiento de Pedro a los demás? Los Puntos de Dios siguen tomando forma y revelando sus propósitos eternos hasta hoy día. El plan perfecto de Dios no se desarrolla todo de un solo. ¡Se revela en su tiempo perfecto!

UN INCREIBLE TESTIMONIO DE CONECTAR LOS PUNTOS
~ Dedicado a mi querida amiga Theresa Donlon y su hija, Anne ~

Tengo que compartir un testimonio personal de cómo pude ver a Dios conectando los puntos... uno que está alojado para siempre en mi corazón.

Martes, 07 de febrero 2012

- **6:30 am** Antes de que mi cabeza dejara la almohada el Espíritu Santo me da un empujoncito... "Despierta. Te invito a orar por todas las hermanas que están haciendo el estudio bíblico *Reflejándolo: Viviendo para Jesús y Amándolo.*" Inmediatamente este suave empujón se convirtió en uno más agudo. Con los brazos levantados al cielo, empiezo a orar de rodillas: "Oh Señor, a la hermana que tenga su libro de estudio abierto, por favor, dale comprensión. Vierte en ella, a través del Espíritu Santo, dulces revelaciones de Tú Palabra." Esta oración continúa durante todo el día.

- **7:00 pm** Enseñando el estudio bíblico *Reflejándolo – Semana 3 Los Sentidos del Alma* en Magnolia Bible Church. Comparto la frescura del llamado esa mañana para orar por todas las hermanas del estudio bíblico. El estudio se centra en los creyentes que se aman y se animan espiritualmente entre sí. Al igual que una herida física en el cuerpo humano hace que las plaquetas se apresuren a formar capas de protección y las células blancas de la sangre aparezcan para combatir los gérmenes, así también el Cuerpo de Cristo necesita entrar en acción. Cuando una persona está herida por el divorcio, la muerte, las dificultades financieras, o cualquier otra cosa, tenemos que correr a la escena, listos para traer una comida, proporcionar transporte, o ayudar como sea necesario. ¡Otros tienen que presentarse a orar contra el enemigo!

- **8:00 pm** Cuando el estudio termina, una de las hermanas, Theresa, literalmente corre hacia mí. Mostrándome su teléfono celular ella dice: "Lee mi pared de Facebook de esta mañana a las 7:05 am... Gran tiempo con el Señor esta mañana en mí tiempo devocional. ¡Dios estaba conectando los puntos!" Las lágrimas fluyeron, nos abrazamos, y dimos gracias a Dios por unir nuestros corazones a través del Espíritu Santo.

Jueves, 09 de febrero

- Recibo un correo electrónico de Jackie, la coordinadora del estudio bíblico en una iglesia en Bandera, Texas. Su grupo estuvo de acuerdo en ser grupo de apoyo mutuo con hermanas del estudio bíblico en Magnolia. Ellas estaban orando las unas por las otras, ya que todas pasaron por el mismo estudio. El e-mail de Jackie confirma lo mucho que su grupo de estudio bíblico estaba disfrutando orar por sus hermanas en Magnolia Bible Church.

Sábado, 11 de febrero

- Recibo un mensaje de Facebook de una amiga, "Carla, no sé si has oído la noticia, pero la hija de Theresa, Anne, falleció ayer en un accidente de automóvil." De inmediato siento un escalofrió y leo el mensaje tres o cuatro veces para asegurarme de que no lo leí mal. Las lágrimas corren, mi corazón se rompe y las oraciones vierten.
- Corriendo a casa, me meto a Facebook para leer los mensajes de Theresa. La lectura de sus

palabras hace que mi mentón empiece a temblar. Theresa había escrito: "Mi corazón está a punto de estallar. ¡La extraño tanto! ¿Cómo puede estar pasando esto? Dios, confío en ti, incluso cuando no tiene sentido." Mensajes alentadores inundan su página. El corazón de una madre se está rompiendo. En lo único que puedo pensar son los acontecimientos que condujeron a ese día. Dios preparó a mi querida amiga en su propia manera y tiempo.

Lunes, 13 de febrero

- Veo en Facebook que la hija mayor de Theresa se mudó recientemente a Bandera, Texas. La población de ese lugar es de 927 habitantes. Estoy segura de que no es una coincidencia. Inmediatamente le envío un mensaje a Jackie, la coordinadora del estudio bíblico en Bandera y le informo de la tragedia y de la pronta llegada de la hija mayor de Theresa a su ciudad.

Martes, 14 de febrero

- **9:00 am** Recibo una llamada de Jackie. Oigo una voz quebrantada, "Carla, ¿estás sentada? ¡No vas a creer esto! ¡La hija de Theresa, que ahora vive en Bandera es la nuera de mi mejor amiga! Es increíble que Dios nos haya llamado a orar por Theresa antes de que ocurriera esta situación trágica." ¡Sentada en mi sillón de oración me quedo asombrada   de la forma en que Dios conectó todos los puntos!

- **2:00 pm** El servicio en memoria de Anne está lleno. Hay silencio completo cuando Theresa se acerca al podio. En obediencia comparte su corazón, "Dios será glorificado y es glorificado a través de la muerte de mi Anne. Durante las últimas tres semanas, Dios me preparó a través de mi estudio bíblico, *Reflejándolo*. Dios tiene un plan. Confío en su plan a pesar de que no tiene sentido." No hay ningún ojo seco en la sala. Llorando y orando, le digo a Dios: "Si escribiste *Reflejándolo* a través de mí sólo por mi amiga Theresa, te alabo. Soy tuya. Solo a Ti corresponde la gloria por los siglos de los siglos. Me someto a Ti. Úsame como Tus manos y Tus pies aquí en la tierra. ¡Amén!"

Dios sigue usando la vida de Anne para atraer a otros a Él. Varias personas aceptaron a Jesús como Señor y Salvador en el día de su funeral. ¡Alabado sea el Señor! Gracias a toda la familia Donlon por dejar que Dios brille a través de todos ustedes, por confiar en él cuando la vida no tiene sentido, y por centrarse en él en medio de su dolor. ¡Dios los está usando a todos ustedes de manera poderosa para promover los propósitos del Reino mientras Él continúa conectando los puntos!

RETO DE ORACIÓN

Pídale a Dios que le muestre Sus conexiones en su vida. Abra sus ojos para ver a la gente que Él trae a sus actividades diarias. Preste atención a situaciones que abren la puerta para tener conversaciones acerca de Jesús y La Palabra de Dios. Tome oportunidades para orar por los demás a lo largo del día.

MI SILLÓN DE ORACIÓN

DIARIO DEVOCIONAL

_____
_____
_____
_____
_____
_____
_____
_____
_____
_____
_____
_____
_____
_____
_____
_____
_____
_____
_____
_____
_____
_____

EN MI SILLÓN DE ORACIÓN

Para mis lectores,

Bueno, hemos llegado al final de nuestro viaje a través de *Mi Sillón de Oración*. Una oración continua resuena dentro de mi alma...

"Señor, te pido que quien lea Mi Sillón de Oración tenga un encuentro divino contigo. Por favor, cautiva los corazones de mis lectores y dales el deseo de estar en comunión contigo los siete días de la semana y las veinticuatro horas del día. Que Tú seas su primer y último pensamiento de cada día. Oro para que desarrollen un hábito de cambiar sus pensamientos a oraciones, para que te reconozcan obrando en cada detalle de sus vidas. Ruego que cada uno desee estar Viviendo, Caminando, y Respirando contigo. Gracias por activar mi oración en acción a través de Tus formas creativas y milagrosas. Te amo, Señor. En el nombre sobre todo nombre, el de tu Hijo, Jesús. Amén."

Así que, al cerrar mi computadora portátil me siento y me reclino en mi sillón de oración. Mis ojos se llenan de lágrimas, mi corazón se alegra y se desborda de amor. La bendición de participar en la eternidad en la tierra a través de la oración me deja maravillada. Me alegra pensar que es el diseño de Dios que sus hijos se comuniquen con Él a través de las conversaciones continuas de todos los días a lo largo de nuestras vidas. Que este pequeño libro le inspire para crear un refugio de oración personal, un lugar al que usted puede llamar, "Mi Sillón de Oración."

De mi corazón al suyo,

Carla McDougal

Fundadora de Reflective Life Ministries
Autora de *My Prayer Chair* (*Mi Sillón de Oración*) y *Reflecting Him: Living for Jesus and Loving It* (*Reflejándolo: Viviendo Por Jesús y Amándolo*).

Mi Sillon de Oracion

~ Referencias de Imágenes ~

Image2.http://www.sxc.hu/photo/159064.november2,2012.

Image3.http://www.sxc.hu/home.november2,2012.

Image4.http://www.sxc.hu/photo/464992.liensal.november,2012.

Image5.http://www.sxc.hu/photo/907815.november2.2012.

Image6.http://www.sxc.hu/photo/742745.november2,2012.

Image7.http://www.sxc.hu/photo/1331183.november2,2012.

Image8.http://www.sxc.hu/photo/1123793.november2.2012.

Image9.http://www.sxc.hu/photo/1209407.november2.2012.

Image11.http://www.sxc.hu/photo/1160608.november2.2012.

Image12.http://www.sxc.hu/photo/535251.november2.2012

Image13.http://www.sxc.hu/photo/21901.november2.2012.

Image14.http://www.sxc.hu/photo/1070609.november2.2012.

Image15.http://www.sxc.hu/photo/868517.november2.2012.

Image16.http://www.sxc.hu/photo/1158482.november2.2012.

Image 17.http://www.sxc.hu/photo/1013334.november2.2102.

Image18.http://www.sxc.hu/photo/1339586.november2.2012.

Image19.http://www.sxc.hu/photo/722154.november2.2012.

Image20.http://www.sxc.hu/photo/906098.november2.2012.

Image21.http://www.sxc.hu/photo/1167634.november2.2012.

Image22.http://www.sxc.hu/photo/1267744.november2.2012

Image23.http://www.sxc.hu/photo/433262.november3.2012.

Image24.http://www.sxc.hu/photo/1079687.november3.2012.

Image27.http://www.sxc.hu/photo/787938.november3.2012.

Image28.http://www.sxc.hu/photo/1035921.november3.2012.

Image31.http://www.sxc.hu/photo/1389801.november2.2012.

Image33.http://www.sxc.hu/photo/1134446.november2.2012.

Image34.http://www.sxc.hu/photo/248382.november2.2012.

Image35.http://www.rcgadmin.com/free-connect-the-dots-for-kids/.march31.2014.

MI SILLÓN DE ORACIÓN
DIARIO DEVOCIONAL

_____
_____
_____
_____
_____
_____
_____
_____
_____
_____
_____
_____
_____
_____
_____
_____
_____
_____
_____
_____
_____
_____
_____
_____

www.reflectivelifeministries.org

www.ingramcontent.com/pod-product-compliance
Lightning Source LLC
Chambersburg PA
CBHW051424090426
42737CB00014B/2824